Anonymus

Jahresbericht der Handelskammer für den Kreis Karlsruhe

Anonymus

Jahresbericht der Handelskammer für den Kreis Karlsruhe

ISBN/EAN: 9783741166174

Hergestellt in Europa, USA, Kanada, Australien, Japan

Cover: Foto ©knipser5 / pixelio.de

Manufactured and distributed by brebook publishing software
(www.brebook.com)

Anonymus

Jahresbericht der Handelskammer für den Kreis Karlsruhe

Jahres-Bericht

der

Handelskammer

für den

Kreis Karlsruhe

für

1884.

Karlsruhe.
Macklot'sche Druckerei.
—
1885.

Mitglieder

der

Handelskammer für den Kreis Karlsruhe.

1) Baroggio, Eduard, Fabrikant in Oestringen.
2) Beallenmüller, Christian, Fabrikant in Bretten.
3) Buhl, Florian, Fabrikant in Ettlingen.
4) Dürr, August, Kaufmann in Karlsruhe.
5) Elstätter, Wilhelm, Fabrikant in Karlsruhe.
6) Elsaßer, Albert, Privatier in Bruchsal.
7) Ettlinger, Leopold, Kaufmann in Karlsruhe.
8) Gimbel, Friedrich, Generaldirektor in Ettlingen.
9) Groß, Ludwig, Kaufmann in Bruchsal.
10) Herrmann, Rudolf, Kaufmann in Karlsruhe, Stellvertreter des Vorsitzenden.
11) Himmelheber, Karl, Fabrikant in Karlsruhe.
12) Leichtlin, Camill, Fabrikant in Karlsruhe.
13) Neu, Karl, Fabrikdirektor in Karlsruhe.
14) Schnabel, Adolf, Fabrikant in Bruchsal.
15) Schneider, K. A., Bantier in Karlsruhe, Vorsitzender.
16) Schöllle, C., Fabrikdirektor in Waghäusel.
17) Seneca, Ferdinand, Fabrikbesitzer in Karlsruhe.
18) Streit, Alois, Privatier in Ettlingen.
19) Wickert, Karl, Fabrikant in Durlach.

4 Mandate sind z. Z. erledigt.

Plauer, Dr. Richard, Sekretär.

Bureau: Karlfriedrichstraße 30.

Inhalts-Verzeichniß.

Seite

Vorwort 1

I. Theil.

Gutachten, Ansichten und Wünsche.

1. Konsulate.

    Kaiserlich deutsche Konsulate 3

2. Verwaltung der Handels- und industriellen Angelegenheiten.

    Badischer Handelstag 3

    Deutscher Handelstag 3

    Beirath der Landesgewerbehalle 4

    Submissionsverfahren 4

    Ortskrankenkasse der Handlungsgehilfen 6

    Zollabfertigungsstelle in Bruchsal 7

    Niederlagerräumlichkeiten des Hauptsteueramts Karlsruhe . . 7

    Benachtheiligung des deutschen Ausfuhrgeschäfts nach Schweden . 7

    Schutz des Gewerbegeheimnisses 9

    Dampfersubvention und Kolonialpolitik 11

    Deutscher Kolonialverein 13

3. Handelsgerichte 14

4. Münzwesen.

    Währungsfrage 14

5. Ausstellungen.

    Internationale Ausstellung in Antwerpen . . . 17

    Nationale Ausstellung in Berlin 18

    Exportmusterlager Karlsruhe 21

6. Verkehrsanstalten.

    a. Eisenbahnen:

      Eisenbahnrath 21

      Rückvergütung der Expeditionsgebühr . . . 22

      Ermäßigte II. Güterklasse 24

      Sekundärbahn Karlsruhe-Ettlingen 24

      Tarifirung von Spiritus 24

      Entladungsfrist für Wagenladungsgüter . . 25

      Uebergang über die Eisenbahn in Bruchsal . 26

      Vieh-Transport und -Fracht 26

      Eisenbahnwagenmangel 26

      Fahrgelegenheit für Arbeiter 28

Seite.

b. Post, Telegraphie, Telephonie.
    Briefpostbestellung zur Neujahrszeit 29
    Telegrammtaxirung 29
    Telephongebühren 32
7. Oeffentliche Abgaben.
    Reichs-Stempelabgaben 32
    Erhöhung der Getreidezölle 37
    Sonstige Abänderungen des Zolltarifs 38
    Zeitpunkt des Eintritts der Zollerhöhungen 39
    Besteuerung der Geschäftsreisenden 39
    Branntwein-Uebergangssteuer von Parfümerien und Lacken . 41

II. Theil.

Berichte über Thatsachen.

1. Allgemeine Uebersicht der Lage und des Ganges der Industrie und des Handels.
    Allgemeines 44
2. Industrie der Erden.
    Cementwaaren 46
3. Metallverarbeitung.
    Blechwaaren 46
    Bierkühlapparate 47
    Syphons und Metallwaaren 47
4. Maschinen, Werkzeuge, Instrumente, Apparate.
    Nähmaschinen 47
    Lokomotiven, Dampf- und andere Maschinen . . . 49
    Zentrale Signal- und Weichenstellungsapparate . . . 49
    Wagen 49
5. Chemische Industrie.
    Chemische Produkte 49
6. Seife, Lichter, Parfümerien, Lacke.
    Seife und Lichter 50
    Parfümerien 52
    Lacke 54
7. Textilindustrie.
    Baumwolle 54
8. Papier und Leder.
    Papier 56
    Chemisch präparirte Papiere 57
    Tapeten 57
    Glacé-Leder und -Handschuhe 58

Seite

9. Nahrungs- und Genußmittel.

Mehl 69

Kartoffelmehl 60

Cichorien 60

Künstliches Eis 60

Malz 61

Bier 61

Spirituosen 62

Preßhefe 63

Essigsprit 64

Tabak und Cigarren 64

10. Baugewerbe und Möbelgeschäft 67

11. Handelsgewerbe.

Thiere 69

Cerealien 70

Hopfen 73

Holz 73

Eisen 75

Colonialwaaren 76

Petroleum 80

Amerikanisches Schweineschmalz 80

Stockfische 81

Häringe 81

Wein 81

Tabak 82

Wollgarn 83

Baumwollweb- und Strickgarn 83

Manufakturwaaren 83

Verschiedene Artikel 83

Geld und Effekten 84

Export 85

12. Arbeiterverhältnisse 86

13. Statistik des Eisenbahn-, Post- und Telegraphenverkehrs.

Eisenbahnverkehr 86

Verbesserungen im Betriebsdienste der Post- und Telegraphen-
anstalten 86

Post- und Telegraphenverkehr 87

14. Geld- und Kreditanstalten.

Reichsbankstelle zu Karlsruhe 87

Badische Bank 92

Rheinische Kreditbank 94

Vorschuß- und Kreditvereine 96

Gewerbebank Karlsruhe 96

	Seite.
Städtische Hypothekenbank Karlsruhe	106
Städtische Pfandleihkasse zu Karlsruhe	107
Städtische Sparkasse zu Karlsruhe	107
Städtische Schulsparkasse zu Karlsruhe	108

15. Versicherungswesen.

Feuerversicherung	109
Lebensversicherung	109

16. Oeffentliche Abgaben und Lasten.

Steuergefälle	112

17. Verschiedenes.

Handelsschule zu Karlsruhe	112
Gewerbeschule zu Durlach	112
Gewerbeschule zu Ettlingen	112
Gewerbeschule zu Karlsruhe	112
Kammer für Handelssachen	115
Zahlungsbefehle, Vollstreckungsbefehle, Fahrnißpfändungen, Liegenschaftsvollstreckungen, Konkurse, Wechselproteste	116
Neubauten und Bauveränderungen	117
Thiermärkte	117
Schlachtungen	117
Mehlhalle zu Karlsruhe	121
Bierausfuhr	122
Gasanstalten	122
Städtisches Wasserwerk zu Karlsruhe	123
Karlsruher-Mühlburger-Durlacher Pferde- und Dampfbahn	124
Landesgewerbehalle zu Karlsruhe	124
Gewerbeverein zu Bruchsal	125
Kaufmännischer Verein zu Karlsruhe	125
Landwirthschaftliche Vereine	127
Lebensbedürfnißverein Karlsruhe	127
Gewerkvereine	127

Anhang, enthaltend:

Entwurf eines Gesetzes, betreffend Postdampfschiffsverbindungen mit überseeischen Ländern	I—II
Exportmusterlager Karlsruhe	II—V
Gesetz, betreffend Abänderung des Gesetzes wegen Erhebung von Reichsstempelabgaben vom 1. Juli 1881. Vom 29. Mai 1885	V—XII
Kaiserlich deutsche Konsulate	XIII—XVIII

Schluß des Berichts:

Tabelle über den Post- und Telegraphenverkehr im Handelskammerbezirke Karlsruhe in den Jahren 1881—1884 bezw. 1883 und 1884.

Vorwort.

An dieser Stelle möchten wir zunächst allen Denen unseren verbindlichsten Dank aus-sprechen, die uns bei der Erstellung auch dieses unseres neuesten Jahresberichts sowie bei sonstiger Gelegenheit und Veranlassung innerhalb der Berichtsperiode in der freundlichsten und zuvorkommendsten Weise ihre Unterstützung haben angedeihen lassen.

Zu unserem großen Bedauern finden wir freilich diese Unterstützung vielfach immer noch nicht. Viele Geschäftsfirmen sind durchaus nicht zu Mittheilungen an uns zu bewegen. Daß diese Zurückhaltung bei Vielen ihren Grund hauptsächlich in der Befürchtung hat, es könnte ihnen von der Veröffentlichung der betreffenden Mittheilungen irgend ein Nachtheil erwachsen, dürfte zweifellos sein. Soweit diese Befürchtung vielleicht dahin geht, daß die Steuerbehörden die fraglichen Mittheilungen in unliebsamer und ungerechtfertigter Weise benutzen möchten, können wir zur Beruhigung auf eine der Handelskammer in Heidelberg vom Großherzoglichen Ministerium der Finanzen geworbene Erklärung hinweisen, wornach es den Steuerbehörden auf das Bestimmteste untersagt worden ist, sich der Jahresberichte der Handelskammern zu derartigen Zwecken zu bedienen.

Wir möchten deshalb dem Wunsche noch einmal Ausdruck verleihen, daß alle unsere Wahlberechtigten, die hierzu in der Lage sind, ihr Interesse unserer Sache, die ja zugleich die ihrige ist, zuwenden und die gewiß geringe Mühe nicht scheuen, die ihnen durch Gewährung der von uns an sie gestellten Bitten um Zusendung von Material oder um Auskunftsertheilung erwächst. Etwaige Wünsche und Beschwerden wolle man uns jeweils thunlichst sofort unterbreiten.

Bei der Abfassung des vorliegenden Berichts haben wir uns, in Ermangelung anderweitiger Instruktion oder Vereinbarung, wie-

1

derum an den Erlaß des vormaligen Großherzoglichen Handels-
ministeriums vom 18. Dezember 1880 Nr. 9854 gehalten, welcher
vorschrieb, daß, soweit es sich um die Aeußerung von Gutachten,
Ansichten und Wünschen handele, das unter dem 10. Dezember
1873 Nr. 8977 hinausgegebene Schema (noch) zu benützen sei,
wogegen es sich empfehle, bei der Darstellung der Verhältnisse
von Industrie und Handel an die in der deutschen Gewerbestatistik
aufgestellte systematische Uebersicht sich anzuschließen. Im Uebrigen
sind wir ebenfalls wiederum den in unserem Berichte für 1880
an dieser Stelle entwickelten Grundsätzen gemäß verfahren. In den
ersten, gutachtlichen Theil haben wir Alles aufgenommen, was bis
zur Zeit der Drucklegung des Berichts zur Beurtheilung vorlag.
Wir meinten so am zweckmäßigsten zu verfahren, weil auf diese
Weise das Interesse an dem Berichte ohne Zweifel am besten gewahrt wird, nichts veraltet und der Leser über den augenblick-
lichen Stand der schwebenden Fragen möglichst auf dem Laufenden
erhalten bleibt. Im zweiten, thatsächlichen Theile haben wir das
uns zugegangene Material in möglichst unveränderter Form nach
den Mittheilungen unserer Berichterstatter wiederzugeben versucht.
Die nichtstatistische Abtheilung des Berichts haben wir übrigens
zunächst in Korrekturabzügen den Mitgliedern unserer Kammer
unterbreitet und sie sodann auf Grundlage der uns hierauf gemachten Bemerkungen sowie der Berathungen in mehreren Plenar-
versammlungen festgestellt.

Karlsruhe, den 6. Juli 1885.

Die Handelskammer für den Kreis Karlsruhe.

Schneider.

Dr. Plauer.

I. Theil.

Gutachten, Ansichten und Wünsche.

1. Konsulate.

Von dem uns zugegangenen Verzeichnisse der Kaiserlich deutschen Konsulate nach dem Stande vom Mai 1885 bringen wir einen Auszug im Anhange unter Nr. 4 zum Abdruck.

2. Verwaltung der Handels- und industriellen Angelegenheiten.

Auf der Tagesordnung des am 18. Januar d. J. in Pforzheim abgehaltenen badischen Handelstages, des fünften seit Reorganisation der badischen Handelskammern, standen folgende Gegenstände:

1. Börsensteuergesetz;
2. Erhöhung der Getreidezölle;
3. die deutsche Kolonialpolitik;
4. Festsetzung der Beiträge zum deutschen Handelstage.

Der vierte Punkt veranlaßte keine eigentliche Berathung.

Auf die übrigen Gegenstände der Tagesordnung kommen wir an den betreffenden Stellen unseres Berichts zurück.

Den Verhandlungen wohnten von Seiten der sieben Handelskammern des Landes und der Handelsgenossenschaft in Konstanz 33 Personen bei; die Großherzogliche Regierung war durch Herrn Geheimen Referendär v. Slößer, die Stadt Pforzheim durch Herrn Stadtdirektor Pfister vertreten.

Die Gegenstände der Tagesordnung des am 27. Januar d. J. in Berlin stattgefundenen dreizehnten deutschen Handelstages waren, abgesehen von inneren Angelegenheiten, folgende:

1. die deutsche Kolonialpolitik;
2. die über die Besteuerung der Umsätze der mobilen Handelswerthe gemachten Vorschläge;
3. die Erhöhung der Getreidezölle.

1*

Das stenographische Protokoll über die Verhandlungen liegt in unserem Bureau zu Jedermanns Einsicht auf.

Auf die Ergebnisse der Verhandlungen bezüglich der zwei ersten Punkte kommen wir an den betreffenden Stellen unseres Berichts zu sprechen.

Der dritte Punkt kam nicht zur Berathung und wurde von der Tagesordnung wieder abgesetzt. Die Gründe, die zu diesem Beschlusse führten, wollen wir hier nicht erörtern. Es knüpfen sich hieran die unliebsamen Vorgänge des Austritts einiger Handelskammern aus dem deutschen Handelstage und des Rücktritts des langjährigen, verdienten Leiters desselben, des Herrn Geheimen Kommerzienraths A. Delbrück in Berlin, von dem Präsidium. Bezüglich dieses Rücktritts hat unsere Kammer dem genannten Herrn ihr lebhaftes Bedauern ausgesprochen und dabei der Hoffnung Ausdruck verliehen, daß es gelingen werde, ihn für die Leitung des Handelstages wieder zu gewinnen. Die nächste Plenarversammlung des Handelstages wird sich u. A., zum Zweck einer Reform desselben, mit der für nöthig befundenen Aenderung der Statuten zu befassen haben.

Beirath der Landesgewerbehalle. Mit der Vertretung der Handelskammer in dem ständigen Ausschusse bei der Landesgewerbehalle ist zur Zeit noch Herr Himmelheber und für den Fall der Verhinderung desselben Herr Ellstätter betraut.

Dieser Ausschuß trat im Berichtsjahre am 14. Juli zusammen.

Auf der Tagesordnung standen:

1. die üblichen Vorlagen bezüglich der verschiedenen gewerblichen Anstalten und Einrichtungen;
2. Bericht des Herrn Dr. Landgraf in Mannheim über Gewerbekammern;
3. Entwurf zu einem Programm für die Erhebungen über das Kleingewerbe.

Submissionsverfahren. In seiner Sitzung vom 12. Juli 1883 hatte sich der genannte Ausschuß u. A. auch mit der Frage der Aenderung des Submissionsverfahrens beschäftigt und er wird dies auch in seiner diesjährigen Hauptsitzung wieder thun.

Inzwischen ist, unter dem 9. Mai d. J., in dieser Frage vom Großherzoglichen Ministerium der Finanzen folgender Erlaß an die Großherzoglichen Bezirks-Bauinspektionen ergangen:

„Nachdem das bei Vergebung von Arbeiten und Lieferungen zu Hochbauten übliche Verfahren, insbesondere das sogenannte Prozentverfahren, welches zwar nicht vorgeschrieben, aber fast überall in Uebung ist, vielfach Unzufriedenheit erregt hat, sind die Großherzoglichen Ministerien übereingekommen, Folgendes zu bestimmen:

1. Die Begebung auf schriftliche Angebote (Submission) bildet bei den Neubauten, bei größeren Bauveränderungen und Bauunterhaltungsarbeiten, sowie bei Lieferungen zu Hochbauten die Regel, wobei Angebote für die einzelnen Bauarbeiten und Lieferungen den Angeboten für's Ganze vorgehen, sofern erstere nicht erheblich höher sind und sonst keine wesentlichen Bedenken obwalten; ob auch Gesammtangebote angenommen werden, ist in dem öffentlichen Ausschreiben ausdrücklich anzugeben, und es dürfen solche nur zutreffenden Falls Berücksichtigung finden.

Die Wahl unter den Bietenden bleibt vorbehalten.

Der Ausschluß findet als Regel dann statt, wenn gegen die Zuverlässigkeit eines Submittenten entweder in Folge früherer geringer Leistungen oder wegen Anbietens derart niedriger Preise, daß eine gute Leistung ohne eigenen Verlust nicht möglich ist, Bedenken bestehen.

Für das Ausschreiben allgemeiner Submissionen ist in der Regel auch die „Badische Gewerbezeitung"" zu benützen.

2. Der ausführliche Kostenüberschlag ist so übersichtlich und klar als möglich aufzustellen, die einzelnen Arbeiten sind zu spezifizieren und darf dabei nichts zusammen genommen werden, was nicht zusammen gehört, so daß der Submittent im Stande ist, wenn ihm nach Einsicht der Bedingungen und Pläne ein Formular des Kostenüberschlags übergeben wird, die Einzelpreise selbst einzusetzen und die Gesammtsumme, um welche er die Arbeit übernehmen will, zu berechnen.

3. Das Auf- und Abbieten nach Prozenten des Voranschlags — das Prozentverfahren — ist nicht gestattet bei Vergebung von

Neubauten, Bauveränderungen und Bauunterhaltungs-Arbeiten, für welche der Voranschlag den Betrag von M. 1 000 überschreitet; es erhält in solchen Fällen jeder Submittent ein Formular des Ueberschlags oder des betreffenden Theils mit leeren Preisrubriken, in welche er die Einzel- und Gesammtpreise einsetzt.

Aus bringenden Gründen kann die bauleitende Verwaltungs- behörde das Prozentverfahren auch in den oben als Regel aus- geschlossenen Fällen zulassen.

Hiernach ist bis auf Weiteres zu verfahren. Auch werden die Bauinspektionen, soweit sie bei Gemeindebauten mitzuwirken haben, ihren Einfluß dahin geltend machen, daß auch seitens der Ge- meinden nach diesen Bestimmungen verfahren wird.

Im Uebrigen wird bemerkt, daß durch diesen Erlaß eine eigentliche Abänderung der Anweisung vom 23. März 1860 nicht beabsichtigt ist und daß also die Vorschriften in den §§. 14 und 34 derselben über die eventuelle Vergebung im Wege der öffent- lichen Versteigerung oder aus der Hand oder in beschränkter Submission fortbestehen, auch daß eine Begebung überhaupt nicht eintritt, wo bei einzelnen Verwaltungszweigen oder Staatsanstalten bauliche Arbeiten durch eigene Kräfte besorgt werden können."

Ortskrankenkasse der Handlungs- gehilfen. Durch Beschlüsse des hiesigen Bürgerausschusses und Bezirks- raths waren die Bestimmungen des Reichsgesetzes vom 15. Juni 1883, die Krankenversicherung der Arbeiter betreffend, auf die hier beschäftigten Handlungsgehilfen und -Lehrlinge, sowie auf die Ge- hilfen und Lehrlinge in Apotheken ausgedehnt worden.

Nach dem Reichsgesetz kann die Krankenversicherung bekanntlich bei verschiedenartig organisirten Kassen erfolgen. Vor der Entschei- dung über die Frage, welche der möglichen Organisationen für die Handlungsgehilfen und -Lehrlinge die geeignetste wäre, insbeson- dere ob eine Ortskrankenkasse für dieselben errichtet werden sollte und mit welchen statutarischen Bestimmungen, hatte der Stadtrath die Meinungsäußerung von Vertretern des Handelsstandes einzu- holen.

Die Zahl dieser Vertreter setzte er auf 12 fest, wovon 6 von den Arbeitnehmern und 6 von den Arbeitgebern zu wählen waren.

Auf Grund der hiernach mit den Betheiligten gepflogenen Verhandlungen ist dann vom Stadtrath eine Ortskrankenkasse der Handlungsgehilfen der Stadt Karlsruhe errichtet worden.

Eine Zollabfertigungsstelle, die es seit geraumer Zeit erstrebt, hat Bruchsal auch bis heute noch nicht erhalten; ihre Errichtung wird uns aber von dortigen Interessenten als eine immer bringlicher werdende Nothwendigkeit bezeichnet.

Zollabfertigungsstelle in Bruchsal.

Hier in Karlsruhe sind es die Niederlageräumlichkeiten des Hauptsteueramts, die unseren Interessenten schon mehrfach Veranlassung gegeben haben, sich mit diesbezüglichen Vorstellungen an uns zu wenden. Neuerdings scheint nun in der That der Zeitpunkt gekommen zu sein, wo eine Erweiterung bezw. Neuherstellung dieser Räumlichkeiten ernstlich in Erwägung wird gezogen werden müssen, wenn nicht anders die Interessen des hiesigen Platzes mehr oder weniger schwer geschädigt werden sollen. Wir vertrauen deßhalb auch, daß die in der vorwürfigen Frage kürzlich von uns an die zuständige Behörde gerichtete Eingabe ein wohlwollendes Entgegenkommen finden und zum Nutzen unserer Wahlberechtigten von einem baldigen praktischen Erfolge begleitet sein wird.

Niederlageräumlichkeiten des Hauptsteueramts Karlsruhe.

Durch die Handels- und Gewerbekammer in Chemnitz wurden wir veranlaßt, der Frage näher zu treten, ob die in Schweden bestehenden Bestimmungen „über den Verkauf von Arsenik und anderen giftigen Stoffen und Waaren" etwa einen nachtheiligen Einfluß auf den Export von Firmen unseres Bezirks ausüben. Diese Frage wurde von einer hier in Betracht kommenden bedeutenderen Fabrik unseres Bezirks bejaht und eine Abhilfe als dringend wünschenswerth bezeichnet. Wir wandten uns deßhalb an Großherzogliches Ministerium des Innern mit der Bitte, im Interesse unserer Industriellen im Sinne der von der Dresdener Handels- und Gewerbekammer in diesem Betreff gefaßten Beschlüsse gleichfalls vorgehen zu wollen.

Benachtheiligung des deutschen Ausfuhrgeschäfts nach Schweden.

Diese Beschlüsse lauten:

a. . . . . „Gutachten darüber einholen zu lassen, welche gesundheitsschädlichen Wirkungen bei Verwendung von Tapeten und Webstoffen in Wohnräumen auf die Bewohner derselben entstehen können, wenn in den genannten Fabrikaten in Folge des Vorhandenseins arsenhaltiger Verbindungen in den verwendeten Materialien, z. B. in Ockererden für Tapeten, in gewissen technisch-chemischen Produkten, in dem zur Färberei verwandten Wasser, Spuren von Arsen enthalten sind, wie sie nach der im schwedischen Arsenikgesetz vorgeschriebenen chemischen Analyse nachzuweisen sind.

Motive: Es ist unmöglich, die Ockererden in der Tapetenfabrikation zu entbehren. Diese billigsten Naturfarben enthalten Arsen von Eisenoxyd in minimalen Mengen gebunden. Eine Reinigung dieser Ockererden ist schwierig und nicht nöthig, die Arsenverbindung darin ist unlöslich in Wasser.

Ferner können Spuren von Arsen durch die technisch verwendeten Farben, zu denen schwach arsenhaltige Schwefelsäure Verwendung findet, z. B. zu den Sulfosäuren für Azofarbstoffe ꝛc., in die Tapeten- und Textilfabrikate übergehen; auch kann Wasser für Färbereien zeitweise arsenhaltige Erdtheile mit sich führen, wovon Spuren in den gefärbten Garnen zurückbleiben, die, bei der großen Genauigkeit der chemischen Analysen zur Auffindung von Arsen, durch diese in den Textilfabrikaten erkannt werden können;

b. bei dem hohen Bundesrathe dahin wirken zu wollen, daß ähnliche, wie in a. gedachte Gutachten in den beim Export nach Schweden betheiligten deutschen Bundesstaaten eingeholt werden;

c. bei dem hohen Bundesrathe dahin wirken zu wollen, daß auf diplomatischem Wege bei der Königlichen schwedischen Regierung Abhilfe der jetzt bestehenden Uebelstände, falls solche durch die gegebenen Gutachten beseitigt werden können, angebahnt und eventuell be-

antragt werde, bei Beurtheilung der Frage, ob der
Verlauf einer Waare beanstandet werden soll, nur
die Medizinalbehörde zu hören und nicht, wie es
jetzt im schwedischen Arsenikgesetz vorgeschrieben ist,
den begutachtenden Chemiker die Entscheidung fernerhin treffen zu lassen.

Motive: Gegenwärtig ist die Beurtheilung der
Frage, ob Tapeten und Textilfabrikate zum Verkauf
zulässig sind, dem untersuchenden Chemiker anheim-
gegeben. Derselbe kann aber einzig und allein die
Aufgabe haben, nach Befund zu entscheiden, ob Arsen in den Tapeten oder Textilfabrikaten enthalten
ist oder nicht, eventuell durch Beifügung des Objekts,
des Arsenspiegels in vorgeschriebenen Glasröhrchen,
resp. durch quantitative Analyse bey Thatbestand zu
kennzeichnen. Nur dem Mediziner steht es vermöge
seiner wissenschaftlichen Ausbildung, seiner Kenntniß
der Wirkungen des Arsens auf die menschliche Natur
zu, ein Urtheil darüber fällen zu können, ob schwach-
arsenhaltige Tapeten oder Textilfabrikate gesundheits-
schädlich sind oder nicht."

Vom Großherzoglichen Ministerium des Innern erging unter Schutz des Ge-
werbegeheimnisses.
dem 2. März d. J. folgender, den Schutz des Gewerbegeheim-
nisses betreffender Zirkularerlaß:

„Es ist neuerdings mehrfach zur Sprache gebracht worden,
daß gewerbliche Unternehmer nach Lage unserer Gesetzgebung nicht
genügend gegen den Verrath von Fabrik- und Geschäftsgeheimnissen gesichert seien. Der Verein zur Wahrung der Interessen der
chemischen Industrie Deutschlands hat in einer an den Herrn
Reichskanzler gerichteten Eingabe hervorgehoben, daß unter jenem
Mangel der Gesetzgebung insbesondere die chemische Industrie zu
leiden habe. Zugleich hat derselbe für den Erlaß strafgerecht-
licher Bestimmungen sich ausgesprochen, welche die vorhandene
Lücke ausfüllen.

Die Eingabe unterscheidet drei Fälle des Vertrauensmiß-

brauchs, indem entweder Arbeiter und Beamte eines gewerblichen
Unternehmens (Geschäft oder Fabrik), so lange sie darin noch
angestellt sind, oder Arbeiter und Beamte nach ihrem Ausscheiden
aus dem Verbande des Unternehmens, oder endlich dritte Personen,
welche, sei es vermöge ihrer Stellung (wie Baumeister, Ingenieure,
Maschinenfabrikanten), sei es aus anderem Anlaß, von den inneren
Verhältnissen des Unternehmens Kenntniß erlangt haben, über die
bis dahin geheim gehaltenen Einrichtungen, Geschäftsbeziehungen
u. s. w. an Andere eine unbefugte Mittheilung machen. Während
in manchen Fällen diese Mittheilungen nur auf Unbedachtsamkeit
zurückzuführen seien, soll ihnen in anderen Böswilligkeit oder eine
eigennützige Absicht zu Grunde liegen; wo letzteres zutreffe, sei in
der Regel ein zweiter Unternehmer, durch das eigene Interesse
verleitet, als Anstifter betheiligt.

Wie das Reichsamt des Innern in einem hierher gelangten
Schreiben bemerkt, wird anzuerkennen sein, daß die bestehende Gesetzgebung nicht ausreiche, den Benachtheiligungen vorzubeugen,
welche in den angedeuteten Richtungen dem Inhaber eines gewerblichen Unternehmens erwachsen können. Es frage sich nur, ob
daraus Mißstände von solcher Schwere und Ausdehnung sich ergeben
haben, daß das Einschreiten der Gesetzgebung gerechtfertigt werden
könne. Für die Beurtheilung dieser Frage würden der genannten
Reichsbehörde thatsächliche Mittheilungen erwünscht sein, die erken-
nen lassen, in welchen Arten gewerblicher oder kaufmännischer Unternehmungen und unter welchen Modalitäten jener Vertrauensbruch
hauptsächlich hervorgetreten ist.

Wir veranlassen Sie demzufolge zur Aeußerung darüber, ob
und in welchem Umfange nach den dortseitigen Wahrnehmungen,
bezüglich welcher die einzelnen denselben zu Grunde liegenden
Thatsachen anzugeben sind, der Erlaß gesetzlicher Vorschriften
gegenüber den zur Sprache gebrachten Mißständen für angezeigt
erachtet wird."

In Verfolg dieses Erlasses suchten wir zunächst die Fälle zu
eruiren, in denen in unserem Bezirke ein Verrath von Fabrik-
bezw. Geschäftsgeheimnissen vorgekommen war, gegen welchen unsere Gesetzgebung zur Zeit einen genügenden Schutz nicht gewährt.

Es wurden uns jedoch verhältnißmäßig nur wenige diesbezügliche thatsächliche Mittheilungen. Die betreffenden Gewährsmänner halten den Erlaß gesetzlicher Vorschriften gegenüber den zur Sprache gebrachten Mißständen für angezeigt, ebenso Personen, die thatsächliche Mittheilungen zu machen zwar nicht in der Lage waren, aber doch von einer diesbezüglichen Gesetzesvorschrift einen Schutz entweder für sich oder Dritte erwarten. Von anderer Seite verspricht man sich dagegen von Gesetzesbestimmungen zur Verhütung von Vertrauensverletzungen nichts, da es in solchen Fällen meistens unmöglich sei, einen gesetzlich giltigen Beweis zu führen.

In der Plenarversammlung der Handelskammer, in der die vorwürfige Frage zur Berathung stand, wurde die Meinung der Kammer dahin präzisirt: es erscheint sehr wünschenswerth, daß gegen den Verrath von wirklich nachweisbaren Fabrik- und Geschäftsgeheimnissen gewerbliche Unternehmer durch den Erlaß gesetzlicher Vorschriften geschützt werden.

Im Juni v. J. wurde von badischen Schwesterkammern ein gemeinsames Vorgehen der badischen Handelskammern bezüglich der Postdampfersubventionsvorlage angeregt. Da zu jener Zeit der Schluß des Reichstages unmittelbar bevorstand und somit die Möglichkeit eines solchen gemeinsamen Vorgehens nicht mehr gegeben war, so glaubte unsere Kammer damals von einem weiteren Eingehen auf diese Frage absehen zu sollen; dagegen begrüßte sie in jener Sitzung, in der dieser Beschluß gefaßt wurde, einstimmig mit größter Freude die Erklärungen, welche der Reichskanzler gelegentlich der Verhandlungen über die betreffende Vorlage bezüglich der deutschen Kolonialpolitik abgegeben hatte.

Dampferfubvention und Kolonialpolitik.

Im Januar d. J. richteten wir dann, nach Anhörung der Interessenten unseres Bezirks, in der Frage der Postdampfervorlage folgende Petition an den Reichstag:

„Von der zuversichtlichen Erwartung ausgehend, daß der Gesetzentwurf, betreffend die Postdampfschiffverbindungen mit überseeischen Ländern, im Reichstage zur Annahme gelangen wird, erlauben wir uns folgende Wünsche auszusprechen: es möchte

1. Rotterdam und, wenn möglich, auch Antwerpen und Kalkutta als Anlandungshafen bestimmt, und
2. eine Zweiglinie mit der Kopfstation Genua eingerichtet werden.

Die Gründe für unsere Wünsche sind mehrfach schon von anderen, dieselben Wünsche vertretenden Seiten erörtert worden und können wir uns deßhalb auf eine Hervorhebung der wichtigsten derselben beschränken.

Rotterdam ist, soweit es sich um die Beförderung von Massengütern unter Benützung des Rheins handelt, speziell für unseren Bezirk, sodann aber auch für unser Land der in erster Linie in Betracht kommende Hafen.

Allein die Rheinschifffahrt, um deren Willen unsere Interessen hauptsächlich nach Rotterdam graviliren, ist nicht immer eine ungehinderte, und für gewisse, insbesondere auch eilige Güter, für Postsendungen und Passagiere, hat Antwerpen, weil schneller erreichbar, vor Rotterdam den Vorzug; auf Wunsch unserer Interessenten glauben wir deßhalb in zweiter Linie auch für Antwerpen als Anlandungshafen eintreten zu sollen.

Aber auch für das Anlanden in Kalkutta interessirt man sich lebhaft in unserem Bezirke. Wir glauben, dasselbe deßhalb ebenfalls befürworten zu sollen und zwar um so mehr, als Kalkutta, wie auch von der Mannheimer Handelskammer hervorgehoben wird, bereits ein wichtiger Ausfuhrhafen für hervorragende Handelszweige Süddeutschlands ist.

Im südwestdeutschen Gebiete, und mithin auch in unserem Lande und in unserem Bezirke, liegen die Entfernungsverhältnisse für Triest durchgehends viel ungünstiger als für Genua; wir können uns darum nur für eine Zweiglinie mit Genua als Kopfstation erklären, denn die Tarifsätze, die z. Z., trotz der näheren Entfernung, nicht für Genua sprechen, sind veränderliche Ziffern, sind Ziffern, die ohne Zweifel bald zu Gunsten Genuas werden abgeändert werden."

Den Gesetzentwurf selbst bringen wir in der Fassung, in der er vom Reichstage schließlich angenommen worden ist, im Anhange unter Nr. 1 zum Abdruck.

Die deutsche Kolonialpolitik bildete einen der Berathungs-
gegenstände auf dem am 18. Januar d. J. in Pforzheim abgehaltenen badischen Handelstage.

Die mit Stimmeneinheit angenommene diesbezügliche
Resolution lautet:

„Der badische Handelstag begrüßt mit besonderer Ge-
nugthuung die anläßlich einer seiner früheren Versamm-
lungen bereits voll gewürdigte und jetzt von der deutschen
Reichsregierung so glücklich inaugurirte Kolonialpolitik
Angesichts der von ihr zu erwartenden nur segensreichen
Erfolge für die gesammte deutsche Volkswirthschaft.

Er spricht dabei die Erwartung aus, daß die berechtigten Export- und Import-Interessen Badens bei dem Gesetz
über die Postdampfersubvention berücksichtigt werden durch
Anlaufen auch außerdeutscher europäischer Häfen, da Baden
vermöge seiner geographischen Lage auf andere Häfen als
Hamburg und Bremen angewiesen ist."

Auf dem deutschen Handelstage in Berlin (am 27. Januar
b. J.) wurde in derselben Frage die nachstehende Resolution, und
zwar ebenfalls einstimmig, angenommen:

„Der deutsche Handelstag begrüßt freudig, daß die
Reichsregierung einen Anfang mit einer praktischen Kolo-
nialpolitik gemacht hat, da durch dieselbe der deutschen
Industrie neue Absatzgebiete erschlossen, dem deutschen
Handel kräftiger Schutz und Förderung gewährt und für
die Schiffsahrt vermehrter Verkehr geschaffen wird."

Das praktische Vorgehen der Reichsregierung in der Kolonialfrage hat ohne Zweifel auch einen nicht unwesentlichen Einfluß
auf das seitdem erfolgte Anwachsen der Zahl der Mitglieder des
deutschen Kolonialvereins ausgeübt. Schon im Jahre 1883 hatte
unsere Kammer hier in Karlsruhe sowie in Bruchsal öffentliche
Vorträge über die Kolonialfrage halten lassen. Das Interesse für
dieselbe wollte aber, wenigstens in unserem Bezirke, immer kein
so recht lebendiges und allgemeineres werden, bis es gegen das
Ende des vorigen und den Anfang dieses Jahres gelang, dasselbe

auch in weitere Kreise hineinzutragen. Und so konnte denn am 22. Januar d. J. in hiesiger Stadt ein mittelbadischer Zweigverein mit einer Mitgliederzahl von gegen 300 Personen gegründet werden, was die Handelskammer nur mit Freuden zu begrüßen vermochte.

3. Handelsgerichte.

Durch die landesherrliche Verordnung vom 1. Mai d. J., die Besetzung der Kammern für Handelssachen betreffend, ist die Zahl der Handelsrichter, die für die bei Landgerichten gebildeten Kammern für Handelssachen ernannt werden, von zwei auf vier erhöht worden, während die Zahl der Stellvertreter die bisherige (vier) bleibt. Nach derselben Verordnung haben nunmehr die Handelskammern, durch welche die gutachtlichen Vorschläge zur Ernennung der Handelsrichter und Stellvertreter zu erfolgen haben, die dreifache Anzahl der zu ernennenden Handelsrichter und Stellvertreter vorzuschlagen. Durch die Verordnung Großherzoglichen Ministeriums der Justiz, des Kultus und Unterrichts vom 6. Mai d. J. in gleichem Betreff ist im Einverständniß mit Großherzoglichem Ministerium des Innern das Vorschlagsrecht unter die zum Bezirke der hiesigen Kammer für Handelssachen gehörenden Handelskammern in der Weise vertheilt worden, daß die Handelskammer zu Karlsruhe sechs, die Handelskammer zu Pforzheim vier und die Handelskammer zu Baden zwei Handelsrichter in Vorschlag zu bringen hat; jede Handelskammer hat außerdem ebenso viele Stellvertreter wie Handelsrichter vorzuschlagen.

4. Münzwesen.

Auf Veranlassung des Aeltestenkollegiums der Berliner Kaufmannschaft hat am 5. März d. J. in Berlin eine Versammlung deutscher Handelsvorstände zum Zweck der Berathung einer Kundgebung zu Gunsten der Goldwährung stattgefunden. Von Seiten unserer Kammer war der Vorsitzende mit ihrer Vertretung betraut worden, um dabei für die Goldwährung zu votiren.

Die von der Versammlung gefaßte Resolution lautet:

„Angesichts der Thatsachen:

1. daß 126 landwirthschaftliche Vereine an den Herrn Reichskanzler die Bitte gerichtet haben, die Initiative zur schleunigen Herbeiführung der vertragsmäßigen Doppelwährung zu ergreifen,

2. daß der Herr Reichskanzler diese Petitionen dem Bundesrathe zur Kenntnißnahme unterbreitet hat,

3. daß dem Reichstage der Antrag vorliegt, den Herrn Reichskanzler zu ersuchen, die Initiative zu einer Wiedereinberufung der im Jahre 1881 abgebrochenen Münzkonferenzen zu ergreifen,

um eine Wiederaufnahme der Ausprägung vollwerthiger Silbermünzen Seitens der Vereinigten Staaten, des lateinischen Münzbundes, des deutschen Reiches und aller derjenigen Staaten herbeizuführen, welche sich diesen Ländern anschließen wollen,

fühlen wir uns als die geordneten Vertretungen des Handels und der Industrie unserer Bezirke verpflichtet, den Hohen Bundesrath und den Hohen Reichstag zu bitten, ihre Aufmerksamkeit auch darauf zu lenken, daß der Deutsche Handelstag in seiner Plenarversammlung vom 20. November 1880 mit den Stimmen von 89 (gegen 5 dissentirende und 3 sich der Abstimmung enthaltende) Handelsvorständen folgende Resolution beschlossen hat:

Angesichts der hervortretenden Bestrebungen, eine Aenderung der Reichsgesetzgebung über die Münzwährung herbeizuführen, erklärt der Deutsche Handelstag, daß es zu einer schweren Schädigung der deutschen Wirthschaftsinteressen führen würde, wenn unter den bestehenden Verhältnissen an den Grundlagen unserer Münzgesetzgebung gerüttelt würde.

Der deutsche Handelstag hält es vielmehr

für geboten, die nöthigen Maßregeln zu ergreifen, um thunlichst schnell die durch das Provisorium geschaffene schädigende Ungewißheit zu beseitigen und den Abschluß unserer auf der Grundlage der reinen Goldwährung beruhenden Münzgesetzgebung herbeizuführen.

Falls sich das von manchen Seiten behauptete Bedürfniß nach einer Vermehrung der Reichssilbermünzen (besonders Ein- und Zweimarkstücke) als dauernd vorhanden herausstellen sollte, so würde der Handelstag kein Bedenken in der Befriedigung dieses Bedürfnisses erblicken.

Die Kürze der Zeit läßt es unmöglich erscheinen, jetzt durch Berufung der Plenarversammlung des Handelstages ein neues Votum aller Handelsvorstände einzuholen. Wir aber als Vertretungen des Handels und der Industrie hervorragender Plätze Deutschlands legen Zeugniß dafür ab, daß wir die vorbezeichneten Resolutionen auch jetzt noch voll und ganz aufrecht erhalten und erheben Widerspruch gegen die Behauptungen, mit welchen die landwirthschaftlichen Vereine ihre Petition zu begründen versuchen.

Wir geben uns der Hoffnung hin, daß der Reichstag den vorerwähnten Antrag ablehnen und daß die verbündeten Regierungen wenigstens in der bisher von ihnen zu der Währungsfrage eingenommenen Stellung verharren werden, wenn sich wirklich der Abschluß unserer auf dem Grundsatze der reinen Goldwährung beruhenden Münzgesetzgebung zur Zeit nicht sollte beschleunigen lassen.

Schon allein die Befürchtung, daß an den Grundlagen derselben gerüttelt werden könnte, würde dem ganzen Verkehrsleben der Nation unberechenbaren Schaden zuzufügen geeignet sein."

Es hat nun nicht nur der Reichstag den Antrag auf Wiedereinberufung der im Jahre 1881 abgebrochenen Münzkonferenzen, behufs Wiederaufnahme der Ausprägung vollwerthiger Silbermünzen, abgelehnt, sondern auch, nach neueren Nachrichten, der

Bundesrath beschlossen, den Anträgen auf Einführung der Doppelmünzwährung keine Folge zu geben. Die Handelskammer hat dies im Hinblick auf ihre bisherige Stellung dieser Frage gegenüber mit großer Befriedigung vernommen.

5. Ausstellungen.

Als im vorigen Jahre Stimmung für die Theilnahme an der im laufenden Jahre in Antwerpen stattfindenden Welt-Ausstellung zu machen versucht wurde, haben wir, verschiedenen an uns ergangenen Aufforderungen entsprechend, die Interessenten unseres Bezirks mehrmals auf diese Ausstellung hingewiesen und ihnen die Erwägung der Betheiligung nahegelegt, ohne daß wir selbst dem Projekte gegenüber eine bestimmte Stellung eingenommen hätten. Die industriellen Mitglieder unserer Kammer sprachen sich übrigens gelegentlich fast ausnahmslos in demselben Sinne aus, wie es von Seiten unserer Kammer bereits im Jahre 1881 bei der Berathung über die von Berlin aus angeregte Idee einer daselbst etwa im Jahre 1885 abzuhaltenden deutschen Gewerbe- und Industrieausstellung geschehen war, daß nämlich mit den lokalen, provinziellen u. s. w. Ausstellungen jetzt ohne Zweifel zu viel geschehe und ein langsameres Tempo in der Aufeinanderfolge derartiger Ausstellungen angezeigt erscheine.

Nach dem uns vorliegenden offiziellen Kataloge der deutschen Abtheilung sind an der Ausstellung in Antwerpen aus unserem Bezirke betheiligt:

1. Ziegler und Weber in Karlsruhe (ein Zierschrank);
2. Erste Karlsruher Parfümerie- und Toilettenseifenfabrik F. Wolff und Sohn in Karlsruhe (seine Parfümerien- und Toilettenseifen);
3. Deutsche Metallpatronenfabrik Lorenz in Karlsruhe (Munition, Präzisions-Werkzeuge, Munition für Handfeuerwaffen und Geschütze aller Systeme und Kaliber. Kallgezogene und gepreßte Artikel. Präzisions-Meßwerkzeuge, Kontrolgeräthe, Bohrer und Fraiser);
4. F. Bock, Metallwaarenfabrik in Karlsruhe (Syphon, Metallwaaren für die Parfümerienbranche);

Internationale Ausstellung in Antwerpen.

2

5. Karl Sickler, Großherzoglich Bad. Hofmechaniker und Optiker in Karlsruhe (geodätische Instrumente, Meß-Instrumente);

6. Gebrüder Trau, Großherzoglich Bad. Hofpianofortefabrikanten in Karlsruhe und Heidelberg (Pianosysteme geradsaitig, Metallrahmen);

7. J. L. Distelhorst, Hof-Möbelfabrik in Karlsruhe (Kunst- und Luxusmöbel, 2 Schmuckschränke, 1 Tisch, 2 Serviettenhalter, 2 Schatullen);

8. G. Sinner in Grünwinkel (Lebensmittel [6. Gruppe]. Bayerisch Bier in Fässern und in Flaschen, ⅜ extrafein, Kornbranntwein, Preßhefe, Weinessig von ausgezeichneter Qualität, Stärkemehl);

9. Hirsch und Lichter in Bruchsal (Branntwein und Essigsprit-Brombeergeist, Kirschwasser, Heidelbeergeist, Zwetschgenwasser, Essigsprit);

10. Gebrüder Wickert, Cichorienfabrik in Durlach (Cichorien-Schneide-Maschinen für Schnitze in Würfelform);

11. Freiherr Adolf von Babo in Neuroth bei Ettlingen, Fabrik blanker und roher Muttern und Schrauben.

Nationale Ausstellung in Berlin. Die Idee einer in Berlin zu veranstaltenden nationalen Ausstellung ist neuerdings wieder aufgegriffen worden.

Ein unter dem 11. Mai d. J. an die deutschen Handels- und Gewerbekammern ergangenes Rundschreiben der Aeltesten der Kaufmannschaft von Berlin besagt darüber Folgendes:

„Von mehreren Seiten ist an uns der lebhafte Wunsch herangetreten, daß eine allgemeine deutsche Gewerbe-Ausstellung in Berlin im Jahre 1888 veranstaltet werde. Sowohl in unserem Kollegium als in der Korporation der Kaufmannschaft von Berlin ist dieser Wunsch mit voller Sympathie aufgenommen worden, auch angesehene Stimmen aus Süd-Deutschland haben uns die Versicherung gegeben, daß sie das Bedürfniß einer solchen Ausstellung anerkennen. Die städtischen Behörden von Berlin werden, wie wir vertrauen können, ebenso wie die Korporation, das Unternehmen materiell unterstützen. Auch haben wir Veranlaffung zu der Hoffnung, daß die Reichsbehörden eine freundliche Stellung zu demselben nehmen werden, vorausgesetzt, daß in den Interessenten-Kreisen der Wunsch nach einer solchen Ausstellung in hinreichender Weise getheilt wird. Letztere Voraussetzung ist auch bei uns von vornherein als unentbehrliche Grundlage für Ausführung des Ausstellungs-Planes anerkannt worden. Wir beehren uns daher, Sie ergebenst darum zu ersuchen, sich über die Stimmung in Ihrem Bezirke zu informiren und sich über Ihre Stellungnahme dem geplanten Unternehmen gegenüber schlüssig zu machen. Einer recht baldigen gefälligen Rückäußerung sehen wir gern entgegen, um thunlichst bald der Reichsregierung die erwünschten Informationen über die Aufnahme, welche das Projekt gefunden hat, zugehen zu lassen.

Wir unsererseits sind von der Ueberzeugung durchdrungen, daß von dieser ersten deutschen nationalen Ausstellung große und dauernde Impulse für die gesammte deutsche Industrie ausgehen werden, und daß ihr Gelingen den Absatz deutscher gewerblicher Erzeugnisse wirksam erweitern wird. Wir hoffen, daß auch in Ihrem Kreise diese Ueberzeugung getheilt werden wird."

In Folge dieses Rundschreibens suchten wir uns zunächst über die Stimmung in unserem Bezirke zu informiren.

Von den auf unsere diesbezügliche Umfrage eingegangenen Antwortschreiben sprach sich nur der kleinere Theil für, der größere aber gegen das geplante Unternehmen aus.

Keine oder nur geringe Sympathie findet dasselbe besonders auch bei verschiedenen Großindustriellen; für deren Abneigung ist hauptsächlich ausschlaggebend, daß ihnen Ausstellungen immer bedeutende Kosten verursachen, zu denen die eventuellen Vortheile bezw. Erfolge in der Regel in keinem Verhältnisse stehen sollen.

Als dann im Schooße unserer Kammer selbst über die vorwürfige Frage Berathung gepflogen wurde, konnten die anwesenden Kammermitglieder den gegen das Projekt von den Interessenten selbst vorgebrachten Gründen im Allgemeinen nur zustimmen und erklärten sie sich schließlich mit Stimmeneinheit ebenfalls gegen dasselbe.

Gehen wir auf die uns in der Sache zugegangenen gutacht-

2*

lichen Aeußerungen etwas näher ein, so finden wir, daß sich die
Freunde des Ausstellungsplanes im Wesentlichen der Meinung der
Aeltesten der Kaufmannschaft von Berlin anschließen und daß für
die Ausstellung hauptsächlich Interessenten plädiren, die entweder
erst an wenigen Ausstellungen sich betheiligt haben und die Ausstellung gewissermaßen als Einführungsgelegenheit benutzen wollen,
oder für welche die Betheiligung an einer Ausstellung mit verhältnißmäßig wenig Mühe und Kostenaufwand zu bewerkstelligen
ist, ganz abgesehen von der etwaigen Aussicht, auf der Ausstellung
Käufer für die ausgestellten Objekte zu finden.

Von den Gegnern werden, wie schon erwähnt, in erster Reihe
geltend gemacht die mit einer Ausstellung für viele Aussteller
nothwendigerweise verbundenen großen Opfer an Zeit, Mühe und
Geld und dem gegenüber die geringe Aussicht auf einen entsprechenden Erfolg. In dieser Beziehung schreibt uns eine Fabrik
unseres Bezirks, daß nach ihrer Erfahrung ein einziger Kunde,
der zur Zufriedenheit bedient wurde, unter Umständen mehr zur
Gewinnung weiterer Abnehmer beitrage, als eine kostspielige Ausstellung.

Weiter ist als Grund der Abneigung die Ausstellungsmüdig-
keit anzuführen, die sich in Folge der einander förmlich jagenden,
den Industriellen kaum noch zur Ruhe und zur Sammlung kommen lassenden Ausstellungen weiterer Kreise bemächtigt hat.

Ferner lassen, nach dem Berichte einer anderen Fabrik unseres
Bezirks, jetzt ohnehin die meisten Firmen ihre Kundschaft regelmäßig besuchen, so daß für Viele ein Besuch von Ausstellungen
nicht mehr nothwendig erscheine; die letzteren hätten jetzt besonders
für Konkurrenzfirmen Interesse, da solche sich hierbei informiren
könnten, was es Neues im Fach gäbe; gerade dieser Umstand
bewirke wohl auch, daß sich jetzt Mancher vom Ausstellen seiner
Fabrikate abhalten lasse.

Endlich wird auf gegnerischer Seite die Ueberzeugung nicht
getheilt, daß durch die Ausstellung die gesammte deutsche Industrie
hervorragende Förderung erfahren oder ihr besonderer Nutzen hinsichtlich des Absatzes erwachsen werde; am allerwenigsten werde
dies für Süddeutschland zutreffen.

Im Juni v. J. wurde im Schooße unserer Kammer erstmals die Frage erörtert, ob es sich nicht empfehle, nach den Vorgängen in den Nachbarstaaten hier in Karlsruhe ein Exportmusterlager für unser Großherzogthum in's Leben zu rufen. Hierauf setzten wir uns mit dem hiesigen Gewerbeverein, der Großherzoglichen Landesgewerbehalle und dem hiesigen Stadtrathe über die Sache in's Benehmen. Das Projekt fand überall die lebhafteste Zustimmung und war es namentlich der hiesige Stadtrath, der sich der Sache mit großem Interesse annahm. Nachdem der letztere das erforderliche Lokal unentgeltlich zu beschaffen, sowie einen Zuschuß zu den Kosten zu leisten in Aussicht gestellt hatte und damit für die nächste Zeit die finanzielle Seite des Unternehmens gesichert erschien, beschloß unsere Kammer, sich an der Gründung des Exportmusterlagers in gleicher Weise wie der hiesige Gewerbeverein zu betheiligen.

Das Nähere über die Ziele und Zwecke des Exportmusterlagers ist aus dem Einladungsschreiben zum Beitritt und den Satzungen zu ersehen, die im Anhange unter Nr. 2 der Hauptsache nach abgedruckt sind.

6. Verkehrsanstalten.

a. Eisenbahnen.

Der Eisenbahnrath trat im vergangenen Jahre am 2. April und am 11. September zusammen.

In der Sitzung vom 2. April erfolgten zunächst von Seiten der Generaldirektion der Großherzoglichen Staatseisenbahnen Mittheilungen über:

1. die Erledigung von Verhandlungsgegenständen der letzten (VI.) Sitzung;
2. Anträge und Beschlüsse der ständigen Tarifkommission der deutschen Eisenbahnverwaltungen.

Sodann wurde in die Berathung eingetreten über:

1. die Einführung von Wochenbilleten;
2. die Fahrtagermäßigungen für Reisen im Interesse der öffentlichen Krankenpflege;
3. den Sommerfahrplan 1884.

Endlich kam noch eine Reihe von Fragen außer der Tagesordnung zur Besprechung.

Die Sitzung vom 11. September wurde wiederum mit Mittheilungen der Generaldirektion der Großherzoglichen Staatseisenbahnen eingeleitet und zwar über:

1. die Erledigung von Verhandlungsgegenständen der letzten
   (VII.) Sitzung;
2. die Anträge der Tarifkommission der deutschen Eisenbahnverwaltungen.

Von den Verhandlungsgegenständen sub 2 sind als die wich-
tigeren und ein allgemeineres Interesse bietenden, die folgenden
zu erwähnen: a. Tarifirung von Braunkohlentheeröl, Harzöl,
Harzöl-Wagenschmiere und Petroleum-Rückständen; b. Tarifirung
von Holzstäben zur Herstellung von Cement- und Zuckerfässern;
c. Tarifirung von groben Holzwaaren; d. Versetzung von Spiritus in den Spezialtarif I; e. Tarifirung von Essigsprit; f. Tarifirung von Maschinen und Maschinentheilen; g. Tarifirung von
Rohzucker; h. Tarifirung von Holz- und Rindenextralten; i. Aufhebung des Frachtenzuschlags für sperrige Güter; k. Tarifirung
von Makulatur; l. Einführung von Normalstückzahlen für halbe
Wagenladungen Vieh; m. Aufnahme einer Zusatzbestimmung zum
Betriebsreglement über Versicherung der Waaren gegen Bruch;
n. Tarifirung von Chromalaun.

Weiter kamen in dieser Sitzung (vom 11. September) zur
Verhandlung:

1. die Einführung von Jahres-Abonnementskarten für unbe-
   schränkte Benützung gewisser Bahnstrecken;
2. der Winterfahrplan 1884/85;
3. zwei Gegenstände außer der Tagesordnung.

Die Sitzungsprotokolle des Eisenbahnraths können in unserem
Bureau eingesehen werden.

Rückvergütung der
Expeditionsgebühr.

Sowohl in unserem Berichte für 1882 (S. 47) als auch für
1883 (S. 43 fg.) ist der Wunsch ausgesprochen worden, es möchte
die Frachtrückvergütung von 12 Pfennig pro 100 kg, welche den
Mannheimer Eisenhandlungen auf von der Pfalz, der Saar- und

Moselgegend eintreffende Eisensendungen von 10000 kg gewährt wird, auch den Verkehrsplätzen unseres Kammerbezirks zu Theil werden. Diesem Wunsche hatten die betreffenden Interessenten unseres Bezirks nicht nur uns gegenüber neuerdings Ausdruck verliehen, sondern sie hatten sich damit auch nochmals direkt an die Generaldirektion der Großherzoglichen Staatseisenbahnen gewandt.

Nach einer an uns gelangten Mittheilung genannter Behörde ist nun von derselben unter dem 1. Juli d. J. den Interessenten folgender Bescheid geworden:

„Auf das geschätzte Schreiben . . . . . setzen wir Sie hierdurch in Kenntniß, daß wir uns in Rücksicht auf den Umstand, daß die in Ludwigshafen und Mannheim getroffene Einrichtung der Rückvergütung der Expeditionsgebühren auf dort reexpedirte Eisensendungen in nahe gelegener Zeit voraussichtlich nicht wird beseitigt werden können, und um Ihrem Wunsche nachzukommen, die hierdurch für den Eisenhandel in Bruchsal und Karlsruhe entstehenden Nachtheile auszugleichen, entschlossen haben, auf Eisensendungen der Spezialtarife II. und III. der allgemeinen Güterklassifikation, welche aus den auch für Mannheim in Betracht kommenden Gebieten, nämlich aus Lothringen, Luxemburg und dem Saargebiet, in Wagenladungen auf Station Bruchsal beziehungsweise Karlsruhe eintreffen oder von da mit neuen Frachtbriefen entweder sogleich oder nach erfolgter Lagerung ebenfalls in Wagenladungen mit der Bahn weiter gehen, bis auf Weiteres eine Rückvergütung eintreten zu lassen, welche der Höhe der Differenz der Umexpedition in Mannheim und jener auf den genannten Plätzen gleichkommt, mit der Maßgabe indessen, daß diese Rückvergütung die für die Expeditionsbehandlung auf den Reexpeditionsstationen in die Tarifsätze für den Empfang und den Weiterversandt eingerechneten Gebühren nicht überschreiten kann.

Die Rückvergütung dieser Differenzbeträge, welche jeweils, wie in der Anlage beispielsweise nachgewiesen, hier besonders ermittelt und dorthin mitgetheilt werden, wird auf je vierteljährliche, durch die Großherzogliche Güterverwaltung Bruchsal beziehungsweise Karlsruhe anher zu bewirkende Vorlage der Originalfrachtbriefe für den Empfang und der durch die Güterverwaltung durch

Abstempelung zu beglaubigenden Duplikatfrachtbriefe für den Versandt von hier ans angeordnet werden."

Unter den uns vorgetragenen Wünschen befindet sich auch dieses Mal der nach Einführung einer II. ermäßigten Stückgutklasse (besonders für Parthien von 20—40 Zentnern).

Der in unserem vorjährigen Berichte niedergelegte Wunsch nach der baldigen Erstellung einer Sekundärbahn Karlsruhe—Ettlingen geht eben seiner Verwirklichung entgegen und soll die betreffende Strecke bereits mit dem 1. August d. J. dem Betriebe übergeben werden.

In unserem vorjährigen Berichte (S. 46 und 47) theilten wir mit, daß unsere Kammer auf Wunsch eines ihrer Mitglieder die Generaldirektion der Großherzoglichen Staatseisenbahnen ersucht hatte, den Antrag, "Spiritus" auch im internen Verkehr nach Spezialtarif I zu versetzen, in der Sitzung der deutschen Eisenbahntarifkommission und des Ausschusses der Verkehrsinteressenten zu befürworten.

Bezüglich des Schicksals dieses Antrages entnehmen wir dem Protokolle der VIII. Sitzung des badischen Eisenbahnrathes vom 11. September 1884 folgende Mittheilungen der Generaldirektion über die Anträge der Tarifkommission der deutschen Eisenbahnverwaltungen:

„Der Bezirks-Eisenbahnrath Berlin habe den Antrag gestellt, den Artikel „"Spiritus"" in den Spezialtarif I zu versetzen und gleichzeitig den Wunsch geäußert, für Spiritus zum Export weitere Fracht-Ermäßigungen durch Bewilligung von Ausnahme-Tarifen zu gewähren.

Für Spiritus zum Export seien inzwischen nach den wichtigsten Grenzstationen Ausnahme-Tarife eingeführt worden, welche für Ladungen von 5000 kg auf einer Grundlage von 4 Pfg. pro tkm und für Ladungen von 10 000 kg auf einer Grundlage von 3,2 Pfg. pro tkm plus 120 Pfg. Expeditionsgebühr pro Tonne beruhten, also noch unter die Taxe des Spezialtarifs I (4,5 Pfg. pro tkm) erheblich herunter gingen.

Diese Ausnahmetarifirung habe indessen in gewissen Gebieten

Verschiebung der Konkurrenzverhältnisse herbeigeführt; dies habe sich namentlich für die mitteldeutschen Fabriken geltend gemacht, welche zum Theil darauf angewiesen sind, für das Exportgeschäft in rektifizirtem Sprit Rohspiritus aus den westlichen Provinzen zu beziehen; da für diese Bezüge bis zur Spritfabrik die normalen Frachten berechnet würden, fühlten sich die betr. Fabrikanten bei einseitiger Ermäßigung der Exporttarife gegen ihre ostdeutschen Konkurrenten, welchen die billigeren Exporttarife auf längeren Routen zur Verfügung ständen, benachtheiligt.

Es sei deßhalb in der Kommission der Antrag gestellt worden, „„Rohspiritus, d. h. nicht rektifizirter oder versetzter Spiritus von weniger als 92 % und mehr als 60 % Alkoholgehalt"" in den Spezialtarif I aufzunehmen.

Da indessen namentlich aus den Kreisen der Spiritusproduzenten Westdeutschlands hiergegen geltend gemacht worden sei, daß durch eine derartige Ermäßigung der Frachten für Rohspiritus der Fortbestand einer größeren Anzahl von Brennereien im Westen Deutschlands in Frage gestellt sein werde, da hierdurch ein Uebergreifen der östlichen Produzenten, welche unter viel günstigeren Vorbedingungen arbeiteten, in ihr Absatzgebiet ermöglicht werde, und da die Eisenbahnen durch eine allgemeine Deklassifikation von Rohspiritus einen erheblich finanziellen Nachtheil erleiden würden, habe die Tarifkommission den Antrag abgelehnt."

Die im Herbste v. J. wiederum verfügte Herabsetzung der Entladungsfrist für Wagenladungsgüter von 24 auf 6 Stunden gab auch wiederum Interessenten unseres Bezirks, namentlich auch Ettlinger Fabrikanten, Veranlassung zu Klagen und Beschwerden bei uns.

Unter Bezugnahme auf unsere diesbezügliche Vorstellung vom Jahre 1883 (vgl. unseren Jahresbericht für 1883 S. 47 und 48) wandten wir uns deßhalb an die Generaldirektion der Großherzoglichen Staatseisenbahnen mit der Bitte: es möchte — soweit es nicht möglich sei, dem alljährlich im Herbste wiederkehrenden empfindlichen Eisenbahnwagenmangel durch Vermehrung des Wagenparks abzuhelfen — jede nur mögliche Rücksicht besonders auf die von der Güterexpedition entfernter wohnenden Interessenten genommen und angeordnet werden, daß die fragliche Herabsetzung der Entladungsfrist nur auf Sendungen erstreckt werde, die nicht die volle, in die Fracht eingerechnete, Expeditionsgebühr bezahlen.

Die Generaldirektion der Großherzoglichen Staatseisenbahnen erwiederte hierauf, daß sie in Berücksichtigung der vorliegenden Verhältnisse die Großherzogliche Bahnverwaltung Ettlingen angewiesen habe, von der Erhebung von Wagenstandgeld bei Ueberschreitung der 6stündigen Ladefrist — nicht auch bei Ueberschreitung der 24stündigen — in allen den Fällen abzusehen, in welchen die herabgesetzte Frist trotz des erkennbar besten Willens nicht eingehalten werden konnte.

Uebergang über die Eisenbahn in Bruchsal. Wie wir schon in unseren Jahresberichten für 1882 (S. 49) und 1883 (S. 49) erwähnten, erleiden in Bruchsal Fußgänger und Fuhrwerke durch die im Interesse der Sicherung des Verkehrs verfügte Sperrung der Eisenbahnübergänge in der Nähe des Gasthauses zur Rose daselbst öfters eine nicht unbeträchtliche Verzögerung. Nach uns neuerdings von Mitgliedern des Bruchsaler Fabrikanten- und Handelsstandes gewordenen Mittheilungen wird dies jetzt mehr denn je als ein großer Uebelstand empfunden, der einer baldigen gründlichen Abhilfe bedürfe.

Vieh-Transport und -Fracht. Was in unserem vorjährigen Berichte (S. 54) betreffs der Anhängung von Sammelwagen an gewisse Güterzüge behufs Beförderung von Vieh und der stückweisen Expedirung von Vieh zu billigerer Taxe gesagt worden ist, daß dieselben nämlich noch nicht vollständig und ausreichend seien, soll nach Mittheilungen der Interessenten auch jetzt noch zutreffen.

Eisenbahnwagenmangel. Auf die in unserem vorjährigen Berichte (S. 55 fg.) unter der Rubrik „Eisenbahnwagenmangel" enthaltenen Ausführungen ist uns von der Generaldirektion der Großherzoglichen Staatseisenbahnen Folgendes eröffnet worden:

„In Ihrem Jahresbericht für 1883 wiederholen Sie auf Seite 55 bis 58 unter der Bezeichnung „„Eisenbahnwagenmangel"" den Wunsch nach Anschaffung gedeckter Güterwagen, welche außer der Seitenverladung auch die Stirnverladung ermöglichen. Wie wir uns bereits mit Schreiben vom 20. Dezember 1883 Nr. 86643 B zu bemerken erlaubten, erschwert eine dies bezweckende Wagenkonstruktion die Anbringung des Kontrolverschlusses Seitens der Eisenbahnverwaltung und namentlich Seitens der Zollverwaltung erheblich. Da aber unsere Wagen auf der langgestreckten Zollgrenze von Konstanz bis Basel, ferner auf einzelnen Binnenplätzen wie Mannheim in sehr ausgedehntem Maß unter Zollverschluß gesetzt werden müssen, so können wir uns nicht, um den Wunsch einer beschränkten Gruppe von Interessenten zu entsprechen, zu einer Maßregel entschließen, welche die im Interesse des gesammten Verkehrs so wichtige allgemeine Verwendbarkeit unseres Wagenparks wesentlich einschränken würde.

Wir ersuchen Sie deßhalb ergebenst, Ihre Antragsteller hiervon verständigen zu wollen, indem wir anfügen, daß an allen unseren offenen Wagen die Stirnwände, soweit sie nicht in die Konstruktion der Bremskabriolet einbezogen sind, abgenommen werden können und somit die Verladung langer Gegenstände über die Wagenplattform hinaus ermöglichen.

Weiter sprechen Sie den Wunsch aus, es möchten die dreiachsigen gedeckten und die großen offenen Güterwagen mehr und leichter zur Verfügung gehalten werden, als dies thatsächlich der Fall ist. Wir erlauben uns hierauf zu erwiedern, daß seit dem Jahr 1882 schon 500 gedeckte zweiachsige Wagen von 10000 kg Tragkraft dem Verkehr übergeben worden sind, welche bei nahezu gleicher Länge die dreiachsigen Wagen in der Ladefläche und im Laderaum übertreffen. Von dieser rasch sehr beliebt gewordenen Wagengattung gelangen in nächster Zeit noch weitere 200 Stück zur Ablieferung.

Ferner haben wir bereits in unserem Schreiben vom 20. Dezember 1883 Nr. 80643 B erwähnt, daß wir nach Genehmigung des Eisenbahnbaubudgets unseren Bestand an langen offenen Wagen vermehren würden. Wir können Ihnen nunmehr mittheilen, daß 50 Stück offener Wagen von 8 m Länge und 12000 kg Tragkraft in Bestellung gegeben worden sind, womit unseres Erachtens dem wirklichen Bedürfniß in jeder Hinsicht Rechnung getragen sein dürfte.

Selbstverständlich werden auch in Hinkunft die langen Wagen nicht auf allen Stationen und zu jeder Zeit sofort zur Verfügung stehen, da eine so weitgehende Vermehrung des Wagenparks aus naheliegenden Gründen unmöglich ist. Es wird sich deßhalb immer noch für diejenigen Interessenten, welche Wagen von außergewöhnlichen Dimensionen erhalten wollen, zumal aber für Versender auf kleineren Stationen empfehlen, ihre Bestellungen einige Tage vor der beabsichtigten Beladung bei der Güterexpedition aufzugeben, weil die Wagen häufig aus größeren Entfernungen beigeführt werden müssen und auch künftig zu gewissen Zeiten nicht immer sofort verfügbar sein werden."

Im weiteren Verfolg dieser Frage wurde uns von der Generaldirektion der Großherzoglichen Staatseisenbahnen noch mitgetheilt, daß die 50 badischen gedeckten Güterwagen Nr. 4604 bis 4653 Thüren an einer Stirnseite hätten (es seien dies allerdings weder die dreiachsigen noch die neuen langen zweiachsigen Güterwagen, sondern ältere Wagen von 6 bis 6,3 Meter Kastenlänge); daß, wie sie schon wiederholt dargelegt habe, die Anbringung von Thüren an den Stirnseiten der neu gedeckten Wagen unterblieben sei, weil diese Konstruktion schon den Bau der Wagen durch Verminderung der Festigkeit erschwere, sodann in Folge der Schwierigkeiten, welche sie der Anbringung von Kontrolverschlüssen entgegenstelle, die Verwendbarkeit der Wagen beeinträchtige und endlich für die Beladung der Wagen mit Gütern, welche wie Getreide in Säcken aufgestapelt würden, hinderlich sei, weil diese Güter nicht hart an die mit einer Thür versehene Wand aufgestellt werden dürften; daß sie hiernach nicht in der Lage sei, im Interesse einer sehr kleinen Gruppe von Versendern eine Konstruktion zu wählen, welche sowohl für die Eisenbahnverwaltung, wie für einen großen Theil des Publikums Mißstände mit sich bringe.

Fahrgelegenheit für Arbeiter.

Wir wollen diesen Abschnitt nicht schließen, ohne noch des Verdienstes zu gedenken, das sich die Generaldirektion der Großherzoglichen Staatseisenbahnen durch die Einrichtung und Vermehrung der Fahrgelegenheiten für Arbeiter besonders auch in unserem Bezirke erworben hat.

b. Post, Telegraphie, Telephonie.

In den ersten Tagen dieses Jahres gelangte eine von einer größeren Anzahl angesehener hiesiger Handelsfirmen unterzeichnete Eingabe an uns, in der verschiedene zur Neujahrszeit in der Briefpostbestellung am hiesigen Platze vorgekommene Unregelmäßigkeiten zur Sprache gebracht wurden.

In der Plenarversammlung unserer Kammer, in welcher die betreffende Eingabe zur Berathung kam, wurde als besonderer Mißstand allseitig anerkannt, daß Geschäftsbriefe, welche nach dem Poststempel der Aufgabestation bereits am 31. Dezember v. J. nach Karlsruhe aufgegeben worden waren, theilweise erst am 3. Januar d. J. Abends dem Adressaten zugestellt wurden.

Es wurde deßhalb beschlossen, an das hiesige Kaiserliche Postamt das Ersuchen zu richten: es möchten zum Zweck der thunlichsten Vermeidung der in Rede stehenden Uebelstände — die öfters Verluste und geschäftliche Unannehmlichkeiten im Gefolge hätten und ihren Hauptgrund in den beschränkten Räumlichkeiten des hiesigen Postamts haben dürften — ausreichende Räumlichkeiten für das Brief-Sortir- und -Trägerpersonal beschafft und die geschäftlichen Korrespondenzen zur Neujahrszeit in erster Linie berücksichtigt und bestellt werden.

In dem uns hierauf zugegangenen Antwortschreiben theilte uns das Kaiserliche Postamt mit, daß es, wie in früheren Jahren, so auch beim nächsten Jahreswechsel Alles aufbieten werde, um die Briefbestellung möglichst zu beschleunigen; betreffs der Frage wegen der Postdiensträume wurde auf die hierüber in den Zeitungen stattgefundene eingehende Erörterung hingewiesen.

Von der Handelskammer zu Frankfurt a. M. war uns das nachstehende Zirkularschreiben zugegangen:

„Nach den Bestimmungen der Telegraphen-Ordnung, sowie des internationalen Telegraphen-Vertrags sind dem Sprachgebrauch zuwiderlaufende Zusammenziehungen oder Veränderungen von Wörtern nicht zulässig. Es können demnach die unterscheidenden Bezeichnungen von Orten mit den Ortsnamen nicht in ein Wort zusammengezogen werden; vielmehr erfolgt die Austaxirung

(Randnotiz:) Briefpostbestellung zur Neujahrszeit.

(Randnotiz:) Telegramm-taxirung.

in solchen Fällen nach Maßgabe der zum Ausdruck der Ortsbe-
stimmungen vom Aufgeber gebrauchten Wortzahl, so daß z. B.
Frankfurt am Main als 3 Worte, hingegen Frankfurt
(Main) oder Frankfurt a/M. als 2 Worte gezählt wird.

Aus dieser Taxirung erwachsen allen denjenigen Städten, bei
denen zur Unterscheidung von gleichnamigen Orten ein besonderer
Zusatz erforderlich ist, bedeutende Schädigungen durch eine erhebliche Mehrbelastung des telegraphischen Verkehrs. Diese Mehrbelastung ist um so größer für diejenigen Städte, welche einen
lebhaften telegraphischen Verkehr, insbesondere nach den überseeischen Ländern, unterhalten.

Es erscheint jedoch als eine Forderung der Billigkeit und
der Gerechtigkeit, daß den Einwohnern der verschiedenen Städte
und Orte des deutschen Reiches aus ihren Ortsnamen weder Vortheil noch Nachtheil erwachsen darf.

Auf unsere deßwegen an das Reichspostamt gerichtete Eingabe
vom 22. Februar d. J. ist uns die nachstehende Verfügung geworden:

„Der Handelskammer erwidert das Reichspostamt auf das
an Seine Excellenz den Herrn Staatssekretär gerichtete Schreiben
vom 22. Februar, Nr. 1344/85, betreffend die Taxirung des
Namens „Frankfurt am Main" als Bestimmungsort von
Telegrammen, ergebenst, daß sowohl nach den Vorschriften für
den internationalen Telegraphenverkehr, als auch nach der Telegraphen-Ordnung für das deutsche Reich vom 13. August 1880,
§§. 6 und 8 f, die Namen von Orten, welche aus mehreren Worten
bestehen, in den Aufschriften von Telegrammen als ein Taxwort
gezählt werden, wenn dieselben zusammenhängend geschrieben werden. Die Nebenbezeichnungen von Orten, welche den eigentlichen
Namen nur zur Unterscheidung von anderen gleichnamigen Orten
beigegeben sind, ohne daß sie einen Theil des Ortsnamens bilden,
dürfen jedoch nicht mit dem letzteren zu einem Taxwort vereinigt
werden.

Nach diesen Bestimmungen ist Frankfurt, Main und
Frankfurt a/M. als je zwei, Frankfurt am Main oder
Frankfurtammain als je drei Taxworte zu zählen.

Die dortseits vorgeschlagenen Bezeichnungen „Frankfurtam" für Frankfurt (Main) und „Frankfurto" für Frankfurt (Oder) würden dementsprechend als Ortsnamen mit angehängten abgekürzten Nebenbezeichnungen ebenfalls als je zwei Worte zu rechnen und überhaupt unzulässig sein.

Eine Abweichung von diesen Zählregeln kann nicht für zulässig erachtet werden. Dagegen sind Telegramme, welche die zusätzlichen Bezeichnungen der Ortsnamen, wie „am Main, an der Oder" nicht enthalten, von der Annahme nicht ausgeschlossen, allein der Aufgeber hat alle Folgen der Unvollständigkeit der Telegramm-Aufschrift, wie Nichtankunft oder Verspätung allein zu tragen.

Im Uebrigen wird bemerkt, daß auf der im August des laufenden Jahres hierselbst stattfindenden internationalen Telegraphen-Konferenz die Frage, ob eine Aenderung in der Tarirungsweise der mit Zusätzen bezeichneten Ortsnamen eintreten kann, erörtert werden wird.""

Eine Abhilfe wäre jedoch leicht dahin herbeizuführen, daß die Städtenamen nebst Zusätzen als ein Wort tarirt werden. Wie man ein Lexikon hat für verabredete Sprache, so wird auch ein Verzeichniß angelegt werden können, in welchem die gleichnamigen Orte und Städte mit einem daneben stehenden verabredeten Namen aufgeführt sind, so daß das Publikum zwar wie seither den vollständigen Ortsnamen auf dem Telegramme angiebt, der Postbeamte jedoch verpflichtet ist, dafür den verabredeten Städtenamen als ein Wort zu telegraphiren und zu berechnen.

Im Anschluß an den letzten Passus dieser Verfügung richten wir an die geehrte Handelskammer das ergebene Gesuch, auch Ihrerseits bei dem Reichspostamt noch vor Eröffnung der internationalen Konferenz auf eine Aenderung der jetzigen Tarirungsweise der zusammengesetzten Ortsnamen hinwirken zu wollen."

Unsere Kammer beschloß, diesem Ersuchen zu entsprechen.

Weiter wurde beschlossen, bei der zuständigen Behörde darum zu petitioniren, daß beim Aufgeben von Telegrammen im internen badischen Verkehr, d. h. von einem badischen Orte nach einem solchen, nicht verlangt werde, daß man dem letzteren den Zusatz „Baden" beifüge.

Telephongebühren. Eine Ermäßigung der Fernsprechgebühren, die auf dem vorjährigen badischen Handelstage als wünschenswerth bezeichnet wurde (vgl. unseren Jahresbericht für 1883 S. 59), hat in sofern stattgefunden, als früher für eine einfache Fernsprechstelle jährlich M. 200 zu zahlen waren, während jetzt die Gebühr hierfür nur M. 150 beträgt.

7. Oeffentliche Abgaben.

Reichs-Stempelabgaben. Auf der Tagesordnung des am 16. Januar d. J. in Pforzheim abgehaltenen badischen Handelstages stand, wie schon erwähnt, als erstes Berathungsobjekt: das „Börsensteuergesetz".

Die von der Versammlung zu diesem Punkte einstimmig angenommene Resolution lautet:

„In der Erwägung, daß das bestehende Gesetz vom 1. Juli 1881 über die Reichsstempelabgaben vom Standpunkt der gleichmäßigen Erfassung der dadurch zu Treffenden irgend welche Kreise nicht zu befriedigen vermochte, und zwar letzteres besonders auf Grund der außerordentlichen Vieldeutigkeit seiner einzelnen Bestimmungen, in der weiteren Erwägung, daß man sich den fortgesetzten Begehren nach einer besonderen Besteuerung der „eigentlichen Börsengeschäfte" auf die Dauer nicht wird verschließen können, in der Erwägung endlich, daß der Erlaß eines bestimmten Börsensteuergesetzes in berechtigten Grenzen, ohne daß die Gefahr einer künstlichen Verschiebung der geschäftlichen Verhältnisse im Reiche entstände, weil mehr den geschäftlichen Interessen entspricht, als die durch das fortgesetzte Andrängen neuer, zum Theil oft unerfüllbarer Steuerobjekte geschaffene Unsicherheit, — glaubt der badische Handelstag sich dahin aussprechen zu sollen, daß unter allen Umständen nur einem solchen Gesetze die staats- und reichsseitige Zustimmung zu Theil werden sollte, welches

a. das wirkliche Steuerobjekt so klar und unzweideutig

bezeichnet, daß fortan kein Steuerpflichtiger mehr
über seine Verpflichtung in Zweifel gerathen kann,

b. alle jene Kontrolmaßregeln vermeidet, welche, wie
das beispielsweise in den letztjährigen Gesetzentwürfen
der Fall war, geeignet wären, auf die freie Entwickelung des Geschäfts einen störenden, ja vernich-
tenden Einfluß zu üben,

c. einen allen Verhältnissen angepaßten Steuerfuß enthält und speziell von einer prozentualen Herbeizie-
hung der Umsätze und zugleich von einer mehrmaligen
Besteuerung ein und desselben Geschäfts Umgang
nimmt, vielmehr sich mit einer mehrstufigen Skala
firer Sätze begnügt, ganz besonders aber

d. keiner Ausdehnung auf das eigentliche Waarengeschäft
Raum gibt, weil sonst eine allgemeine Reichsgeschäfts-
oder Gewerbesteuer zur Einführung gelangte, welche
in Anbetracht der so verschiedenen Gewerbesteuersysteme
Deutschlands eine ungleichmäßige Vertheilung der
Lasten herbeiführen und die Staaten mit höheren
Gewerbesteuersätzen, wie ganz besonders Baden, am
härtesten treffen würde."

Auf dem deutschen Handelstage in Berlin am 27. Januar
d. J. kam dieselbe Frage unter dem Titel: „Die über die Besteuerung der Umsätze der mobilen Handelswerthe gemachten Vorschläge" zur Besprechung.

Die hierbei angenommene Resolution hat folgenden Wortlaut:

1. „Eine sogenannte Geschäftssteuer, d. h. eine Besteuerung der einzelnen Akte der Erwerbsthätigkeit,
kann an sich als eine richtige Art der Besteuerung
nicht angesehen werden; abgesehen von prinzipiellen
Bedenken bietet dieselbe große Schwierigkeiten in der
Veranlagung und kann sehr leicht zu einer Schädigung des Erwerbsfleißes und der Konkurrenzfähigkeit
Deutschlands dem Auslande gegenüber führen.

2. Trotz dieser Bedenken wird der deutsche Handels-
und Gewerbestand gegen solche Vorschläge sich nicht

ablehnend verhalten können, welche — vorbehaltlich
bestimmter Befreiungen — durch eine angemessene,
nicht prozentuale Besteuerung der geschäftlichen Umsätze einen finanziellen Ertrag für das Reich zu erzielen geeignet sind, und welche damit die unabweis-
bare Reform des Gesetzes vom 1. Juli 1881 über
die Erhebung von Reichsstempelabgaben verbinden.
Der von dem Herrn Wedell-Malchow vorgelegte
Gesetzentwurf ist wegen der prozentualen Besteuerung
der Umsätze und wegen der in Vorschlag gebrachten
Kontrol- und Strafbestimmungen völlig unannehmbar.

3. Eine Besteuerung der einzelnen Geschäftsabschlüsse
oder Umsätze ist für den Handels- und Gewerbestand
nur dann annehmbar, wenn dieselbe einfach und klar
bemessen und mit inquisitorischen Kontrolmaßregeln
nicht verbunden ist. Der Rechtsweg ist in vollem
Umfange für zulässig zu erklären.

4. Vor endgiltiger Feststellung eines nach diesen Grundsätzen auszuarbeitenden Gesetzentwurfs sind Sachverständige, sowohl aus den Börsen- und Handelsplätzen
als auch aus Provinzialstädten, gutachtlich über die
einzelnen Bestimmungen zu hören."

Die von dem Reichstage in der jüngsten Session zu dem
Gesetzesvorschlage, die Abänderung des Reichsstempelabgabengesetzes
vom 1. Juli 1881 betreffend, in dritter Lesung gefaßten Beschlüsse
gaben uns Veranlassung, nach Anhörung von Vertretern der hiesigen Bankgeschäfte in der gleichen Frage dem Großherzoglichen
Staatsministerium in einer Eingabe Folgendes vorzutragen:

„Diese Beschlüsse, die, wenn sie der Bundesrath annähme,
Gesetzeskraft erlangen würden, haben in der Geschäftswelt mannig-
fache Besorgnisse hervorgerufen.

Die verschiedenen Bedenken, welche bezüglich der wirklichen
Absicht des Gesetzgebers gegen die redaktionelle Fassung einzelner
Paragraphen der Novelle in der Geschäftswelt bereits laut geworden sind, wollen wir hier nicht weiter berühren, ebenso wenig die
hie und da aufgetauchte Besürchtung, daß die Fassung von Tarif-

nummer 4 B leicht zu Schädigungen einzelner Handelsplätze führen
könnte. Wir wollen auch nicht weiter untersuchen, ob es nicht
vielleicht im Interesse des deutschen Handels liegt, daß Zeilge-
schäfte in ausländischen Banknoten ebenso wie die betreffenden
Kontantgeschäfte von der Stempelabgabe befreit bleiben.

Dagegen möchten wir auf die uns in erster Reihe interessi-
rende Frage etwas näher eingehen, welche Folgen die Novelle
für das Provinzialbankgeschäft nach sich ziehen dürfte.

Es ist klar, daß ein Geschäft in Werthpapieren, welches der
Bankier vermittelt, bis es vollständig abgewickelt ist, mehr Hände
durchlaufen haben wird, als ein Geschäft, welches der Börsenspekulant an der Börse selbst eingeht. Da nun die Stempelabgabe
nach der Novelle in jedem Falle sowohl für das Geschäft zwischen
dem Kommissionär und dem Dritten als auch für das Abwickelungsgeschäft zwischen dem Kommissionär und dem Kommittenten
entrichtet werden soll, so würde Jedermann, der nicht, wie der
Börsenspekulant, sein Geschäft direkt an der Börse macht, sondern
sich der Vermittelung eines Bankiers bedient, mindestens doppelt
so stark belastet werden als der Börsenspekulant, den man doch in
erster Reihe treffen will; die Geschäfte aber, die der Provinzialbankier vermittelt, würden in den meisten Fällen sogar eine drei-
mal höhere Abgabe zu tragen haben, als die Geschäfte des eigentlichen Börsenspekulanten. In der Absicht des Gesetzgebers dürfte
die übermäßige Belastung des Provinzialbankgeschäfts allerdings
kaum gelegen sein. Es erhellt dies deutlich aus §. 11a Abs. 2
der Novelle, wo es heißt, daß, sofern bei Kommissionsgeschäften
für einen auswärtigen Kommittenten, welcher seinerseits als Kommissionär eines Dritten handelt, die Schlußnote mit dem Zusatze
„in Kommission"" ausgestellt wird, das Abwickelungsgeschäft zwischen ihm, d. h. dem Provinzialbankier und seinem Kommittenten
von der Abgabe befreit bleibt, wenn er die Schlußnote spätestens
am 1. Werktage nach dem Empfang unter Beifügung des Namens
seines Kommittenten an den letzteren absendet. Vermöchte der
Provinzialbankier die Aufträge seiner Kommittenten jeweils vollständig zu trennen, so wäre mit dieser Bestimmung ein gewisser
Schutz des Provinzialbankgeschäfts gegeben. Allein in der Praxis

3*

gestaltet sich die Sache meist so, daß sich das Provinzialpublikum
je nach der Börsenlage beim An- und Verkauf von Effekten bald
auf diese, bald auf jene Papiere in erster Reihe wirst. Es sei
hierbei nur auf die große Vorliebe exemplifizirt, welcher zu Anfang dieses Jahres russische Werthe sich zu erfreuen hatten. So
kann es kommen, daß der Provinzialbankier an einem Tage von
den verschiedensten Seiten Aufträge zum Ankauf einer und derselben Effektengattung erhält. Nach §. 8 der Novelle hat der Kommissionär des Provinzialbankiers am Börsenplatze diese Geschäfte
in Betreff der Besteuerung als ein Geschäft anzusehen; der Provinzialbankier erhält deßhalb über die Ankäufe, die er für verschiedene Personen in demselben Effekt machen ließ, von seinem
Kommissionär am Börsenplatze nur eine einzige Schlußnote, die
er keinem seiner Kommittenten aushändigen kann; er muß deßhalb
jedem derselben für das nach der Absicht des Gesetzgebers frei
bleiben sollende Abwickelungsgeschäft die Stempelabgabe nochmals
in Anrechnung bringen. Es würde sich also in der That in sehr
vielen Fällen, wo es sich um die Ausführung von Börsenaufträgen
handelt, die sofort abgewickelt werden, die Absicht des Gesetzgebers,
das Provinzialbankgeschäft vor übermäßigen Abgaben zu schützen,
nicht verwirklichen lassen. In einem der sehr häufig vorkommenden
Fälle des Provinzialbankgeschäfts würde aber die stärkere Belastung desselben im Vergleich mit den Geschäften an Börsenplätzen
thatsächlich immer eintreten. Ein Provinzialbankgeschäft, mit auch
nur mäßiger Kundschaft, muß gewisse gangbare Papiere stets
vorräthig haben. Der Provinzialbankier kauft dieselben durch seinen
Kommissionär an der Börse und bezahlt daraus, bis sie in seine
Hände gelangt sind, schon das Doppelte an Stempel, was der
direkt an der Börse arbeitende Börsenspekulant dafür an den
Staat entrichtet. Bei dem successiven Verschleiß dieser Effekten
durch den Provinzialbankier an seine Kundschaft muß aber nun
jeweils der gesetzliche Stempel nochmals in Anrechnung gelangen
und wird in diesem Falle dem Provinzialbankgeschäfte niemals
die Vergünstigung des §. 11 a Abs. 2 zu gut kommen.

Die Provinzialbankiers — und damit alle Bankinstitute unseres Landes — müssen deßhalb in den Bestimmungen der No-

velle eine schwere Benachtheiligung ihrer Geschäfte gegenüber den Geschäften an den Börsenplätzen erblicken. Mit vollem Rechte kann man wohl auch sagen, daß durch die Bestimmungen der Novelle schwerlich das von so vielen Seiten geforderte „„Mehrbluten"" der Börse erreicht, sondern vielmehr in erster Reihe das Provinzialpublikum und die Provinzialbankiers werden belastet werden.

Unter diesen Umständen erlauben wir uns Großherzogliches Staatsministerium ganz ergebenst zu bitten, hochgeneigtest darauf hinwirken zu wollen, daß durch entsprechende Amendirungen der Novelle seitens des Bundesraths die dem Provinzialbankgeschäfte und dem Provinzialpublikum drohende schwere Schädigung abgewendet wird."

Die betreffenden Beschlüsse, die später vom Bundesrathe unverändert angenommen wurden, finden sich im Anhange unter Nr. 3 abgedruckt.

Die Handelskammer zu Thorn gab die Veranlassung, daß die Frage der Erhöhung der Getreidezölle auf die Tagesordnung sowohl des jüngsten badischen als auch deutschen Handelstages gesetzt wurde.

Zu dieser Frage brachte auf dem badischen Handelstage die Mannheimer Handelskammer folgende Resolution ein:

„In der Erwägung, daß, nach Zeugnissen aus den landwirthschaftlichen Kreisen selbst, die Erhöhung der Getreidezölle nur dann von einem Erfolg wäre, wenn sie in einem Maße geschähe, welches in Anbetracht zahlreicher anderer berücksichtigungswerther Verhältnisse schlechterdings nicht denkbar ist;

in der weiteren Erwägung, daß speziell in Baden nur einem verhältnißmäßig kleineren Theil der landwirthschaftlichen Bevölkerung damit überhaupt gedient sein könnte, während allen jenen Landwirthen, welche zumeist Handelsgewächse bauen, das Brod vertheuert würde;

in der ferneren Erwägung, daß jede weitere Zollerhöhung die Lage der badischen Mühlenindustrie, noch mehr aber jene der mehlverarbeitenden Industrie in hohem Maße gefährden würde;

und in der endlichen Erwägung, daß der Getreidehandel, der vorwiegend für die badischen Verkehrsanstalten eine so hervorragende Rolle spielt, besonders soweit derselbe für das Ausland thätig ist, ganz erheblich unter jeder, auch der kleinsten Zollsteigerung, leiden müßte,

empfiehlt der badische Handelstag von einer weiteren Zollerhöhung auf Getreide absehen zu wollen."

Diese Resolution fand jedoch nicht die Zustimmung der Versammlung.

Nach längerer Verhandlung wurde schließlich nachstehender Vermittelungsantrag einstimmig angenommen:

„Im Hinblick auf die verschiedenen Ansichten, welche in den einzelnen Handelskammern über die Getreidezölle sich kundgeben, sieht der badische Handelstag von einer Stellungnahme zu dem Antrage der Mannheimer Handelskammer ab, konstatirt aber, daß die Majorität der Anwesenden aus finanzpolitischen Gründen einer mäßigen Erhöhung der Getreidezölle zustimmen könnte."

Auf dem deutschen Handelstage wurde, wie schon oben (S. 4) erwähnt, die vorwürfige Frage von der Tagesordnung wieder abgesetzt.

Sonstige Abänderungen des Zolltarifs. Im Mai v. J. wurden wir vom Großherzoglichen Ministerium des Innern zur Aeußerung über den damals dem Bundesrathe zugegangenen Gesetzentwurf, betreffend die Abänderung des Zolltarifs, veranlaßt.

Die Ansichten der Interessenten unseres Bezirks, die wir hierauf einholten, gingen zum Theil weit auseinander.

Wir hielten es deßhalb für das Beste, das ganze in der Sache gesammelte Material dem Großherzoglichen Ministerium des Innern mit dem Hinzufügen zu unterbreiten, daß nach Ansicht der Handelskammer eine gewisse Stetigkeit in der Zolltarifpolitik angezeigt erscheine und daß deßhalb Aenderungen nur in ganz bringenden und völlig begründeten Fällen vorgenommen werden sollten.

Im Verlauf der jüngsten Reichstagssession haben wir dann noch einige Male Veranlassung gehabt, auf Ersuchen von Interessenten unseres Bezirks in der Frage der Zolltarifabänderung beim Großherzoglichen Ministerium des Innern bezw. beim Reichstage vorstellig zu werden und zwar immer in dem Sinne, daß eine vorgeschlagene Zollerhöhung nicht angenommen werden möge.

Auf Wunsch von Interessenten unseres Bezirks haben wir uns auch einer Petition der Aeltesten der Kaufmannschaft von Berlin an den Reichstag, betreffend den Zeitpunkt des Inkrafttretens der Zollerhöhungen angeschlossen, welche dahin ging, *Zeitpunkt des Eintritts der Zollerhöhungen.*

1. es möchten die vor dem 15. Januar d. J. geschlossenen Verträge auch dann den Schutz der niedrigeren Verzollung genießen, wenn nicht unmittelbar ein Ort des Zollinlandes, sondern nur ein zollausländischer Hafen in dem Vertrage als Löschungsort bezeichnet sei;
2. es möchte eine Aenderung bezüglich des Inhaltes und der Form des Beweises stattfinden, welcher behufs Zulassung der Verzollung nach dem alten Zollsatze zu führen sei;
3. es möchte in diesem Sinne schon bei Anwendung des Sperrgesetzes verfahren werden.

Unter dem 25. November v. J. ging uns von Großherzoglichem Ministerium des Innern folgender, die Besteuerung der Geschäftsreisenden betreffender Erlaß zu: *Besteuerung der Geschäftsreisenden.*

„Seitens der Handelskammer in Mannheim ist in Uebereinstimmung mit der von der Handels- und Gewerbekammer in Dresden gegebenen Anregung hierher vorgetragen worden, daß die deutschen Geschäftsreisenden in Dänemark, Schweden und Norwegen erheblichen Beschränkungen in ihrem Geschäftsbetrieb, namentlich durch drückende Besteuerung, ausgesetzt seien und ein Bedürfniß bestehe, die Ungleichheiten, welche hinsichtlich der Behandlung skandinavischer Geschäftsreisender in Deutschland und der deutschen Geschäftsreisenden in den skandinavischen Ländern obwalten, auf dem Wege vertragsmäßiger Vereinbarung zu beseitigen. Wir veranlassen die Handelskammer nach Benehmen mit denjenigen Ge-

schäftsleuten des dortigen Bezirks, welche bei dem Absatz von
Waaren nach Skandinavien in Betracht kommen, sich darüber anher zu äußern, ob auch dortseits Wahrnehmungen hinsichtlich einer
drückenden Behandlung der deutschen Geschäftsreisenden in den
genannten Ländern (durch polizeiliche Beschränkungen und hohe
Steuern) gemacht worden sind, worin dieselben bestehen und ob
die Herbeiführung einer vertragsmäßigen Regelung dieser Ange-
legenheit als wünschenswerth zu erachten sei."

Hierauf waren wir das Nachstehende zu berichten in der Lage:

„Auch in unserem Bezirke klagen die Geschäftsleute, welche
an dem Absatze von Waaren nach den skandinavischen Königreichen
interessirt sind, darüber, daß die deutschen Geschäftsreisenden in
diesen Ländern bei ihrem Geschäftsbetriebe einer drückenden Behandlung ausgesetzt sind.

Während der skandinavische Geschäftsreisende in Deutschland
für eine Legitimationskarte, die für das laufende oder Kalender-
jahr gilt, nur 3 M. 50 Pf. zu entrichten hat, kostet dem deutschen Geschäftsreisenden die Lösung eines Gewerbescheines (Patents,
Passes) in Dänemark, wo derselbe auf die Dauer eines Jahres
ausgestellt wird, 160 Kronen   180 Mark und in Schweden,
wo er eine dreimonatliche Giltigkeitsdauer hat, 100 Kronen —
ca. 112 Mark. Auf eine kürzere Zeit, als wie eben angegeben,
wird ein Gewerbeschein in den skandinavischen Ländern nicht ausgestellt. Derselbe lautet außerdem stets auf den Namen des Reisenden und sein Geschäftshaus und ist mithin nicht übertragbar,
was sowohl den Geschäftsreisenden selbst, als auch den deutschen
Chef, der sich genöthigt sieht, mit der Person seines Reisenden zu
wechseln, unter Umständen sehr empfindlich treffen kann. Das Un-
terlassen der Lösung des Gewerbescheines wird streng bestraft.
Bevor der Reisende an einem Platze seine Thätigkeit beginnen
darf, muß er den Gewerbeschein auf dem Polizeibureau vorlegen.
Auch in diesem Falle steht auf der Unterlassung hohe Strafe.
Die polizeiliche Kontrole, der sich dieserhalb der deutsche Geschäftsreisende, namentlich in Dänemark, fortwährend und überall, mitunter sogar auf offener Straße, ausgesetzt sieht, wird als eine
überaus lästige empfunden.

Die Musterstücke oder Waarenproben, die der deutsche Geschäftsreisende mit sich führt, muß er beim Eintritt verzollen; der
erlegte Zoll wird ihm aber, trotzdem er dieselben nicht verkaufen
oder überhaupt zurücklassen darf, beim Austritt nicht zurückvergütet.

In Norwegen soll es nach den Mittheilungen einiger unserer
Gewährsmänner der Lösung eines Gewerbescheines nicht bedürfen,
was sich vielleicht daraus erklärt, daß der in Schweden gelöste
Schein auch für Norwegen gilt, und soll hier auch der beim Eintritt in das Staatsgebiet für Musterstücke oder Waarenproben zu
erlegende Zoll beim Verlassen desselben wieder zurückerstattet werden; nach den Angaben derselben Gewährsmänner sollen auch
z. Zt. weder in Norwegen noch in Schweden ähnliche polizeiliche
Kontrol-Maßregeln, wie in Dänemark, den deutschen Geschäftsreisenden belästigen.

Unsere Interessenten erachten die vertragsmäßige Regelung
der gleichartigen Behandlung deutscher und skandinavischer Geschäftsreisenden in den gegenseitigen Staatsgebieten nicht nur für
wünschenswerth, sondern sogar für dringend geboten.

Besonders die hohen Kosten der Gewerbescheine in den skandinavischen Ländern dürften manches deutsche Geschäftshaus abhalten, jene Länder überhaupt oder doch regelmäßig bereisen zu
lassen, was einer Beeinträchtigung des deutschen Waarenabsatzes
nach den betreffenden Staatsgebieten gleichkommt."

Im zweiten thatsächlichen Theile dieses Berichts ist (Seite
52 und 53) des Näheren ausgeführt, wie unsere Parfümerie- und
Lackfabrikanten besonders auch im vergangenen Jahre darunter
zu leiden hatten, daß von ihren alkoholhaltigen Produkten im
Verkehr mit den übrigen deutschen Vereinsländern die Branntweinübergangssteuer erhoben wird.

Branntwein-
Uebergangssteuer
von Parfümerien
und Lacken.

Die mißlichen Folgen der Erhebung dieser Art Uebergangssteuer sind übrigens nicht nur bei uns in Baden, wo dieselbe bisher nicht stattfand, sondern auch in solchen deutschen Staaten
empfunden worden, wo sie bereits geübt wird.

Zur Beseitigung dieses schwer auf den Interessenten lastenden
Uebelstandes haben sich theils dieselben direkt, theils einzelne Han-

bels- und Gewerbekammern, theils endlich eine Vereinigung von Handels- und Gewerbekammern an ihre resp. Staatsregierungen bezw. an den Bundesrath gewandt.

Der Erfolg alles biesbezüglichen Petitionirens ist nun bis jetzt der gewesen, daß nach einer an uns gelangten Benachrichtigung des Großherzoglichen Ministeriums der Finanzen bei einer Besprechung in den Ausschüssen des Bundesraths für Zölle und Steuern und für Handel und Verkehr sich allseitiges Einverständniß dahin ergeben hat, daß die Erhebung der Uebergangsabgabe für Branntwein von Lacken, Polituren, Firnissen, Glasuren oder ähnlichen Fabrikaten aus Harzen und Spiritus sowohl im Bereiche der Branntweinsteuergemeinschaft als in Bayern, Württemberg und Baden gleichmäßig vom 1. Juni d. J. ab eingestellt werde, während in Bezug auf die Ausdehnung der Steuerbefreiung auf Parfümerien die Bemühungen der Großh. Regierung bis jetzt erfolglos geblieben seien.

Unsere Parfümeriefabrikanten sind ob dieser Eröffnung mehr als verwundert. Nicht als ob sie ihren bisherigen Leidensgenossen die diesen gewordene Erleichterung mißgönnten, sie vermögen sich nur die verschiedenartige steuerliche Behandlung alkoholhaltiger Produkte nicht zu erklären. Soll künftighin die Erhebung der Uebergangsabgabe für Branntwein von Lacken u. s. w. unterbleiben, weil sie sich mit den bestehenden gesetzlichen Bestimmungen (Zoll- und Handelsvereinsvertrag vom 8. Juli 1867 Art. 4 und 5 Abs. 2 §. 3; Vereinszollgesetz vom 1. Juli 1869, §. 7 Abs. 2 und §. 8; Reichsverfassung §§. 33 und 35) nicht vereinbaren läßt, so wäre nach der Ansicht der Parfümeriefabrikanten für ihre Produkte mit dem gleichen Rechte die Befreiung auszusprechen; denn, so wenig diese Bestimmungen von Lack u. s. w. sprechen, ebenso wenig sprechen sie von Parfümerien. Will man aber den Lack- u. s. w. Fabrikanten die Befreiung aus Billigkeitsgründen einräumen, so meinen die Parfümeriefabrikanten, könne man sie ihnen aus den gleichen Gründen doch nicht wohl vorenthalten.

Die Ein- und Fortführung der Erhebung der Branntweinübergangssteuer sowohl von Lacken u. s. w. wie von Parfümerien könnte gewiß nur damit zu rechtfertigen versucht werden, daß man unterstellt, es wäre möglich, den in den betreffenden Produkten enthaltenen Branntwein wieder auszuscheiden und rein, zum menschlichen Genusse dienbar darzustellen. Diese Möglichkeit muß aber so lange bestritten werden, bis sie erwiesen ist und das ist sie bis jetzt noch nicht.

Im zweiten Theile unseres Berichts ist ferner darauf hingewiesen, daß es nicht der Betrag der Uebergangssteuer an sich ist, was unsere Parfümeriefabrikanten schmerzlich empfinden, sondern, daß dies vielmehr die Plackereien und Zeitverluste sind, welche insbesondere dem Empfänger von für übergangssteuerpflichtig erklärten Waaren aus der Erledigung der Uebergangssteuerformalitäten erwachsen. Diese Umstände sind es, die dem Empfänger den Bezug von unseren Fabrikanten verleiden und ihn zu anderen Bezugsquellen gewissermaßen mit Nothwendigkeit hindrängen. Was das für unsere Fabrikanten heißen will, die mit ⁷⁄₈ ihrer Fabrikate auf den außerbadischen Bedarf angewiesen sind, liegt auf der Hand.

Wäre die betreffende Steuer rechtlich unanfechtbar, was aber durchaus bestritten wird, so würden unsere Fabrikanten, wenn es anginge, dieselbe lieber im Voraus entrichten; wäre doch damit die Quelle des jetzigen trostlosen Zustandes verstopft.

Mit Ergreifung von Repressalien badischerseits und Steuerrückvergütung bei der Ausfuhr ist unseren Fabrikanten durchaus nicht gedient.

Aus den angeführten Gründen hoffen wir mit unseren Parfümeriefabrikanten, daß auch ihre alkoholhaltigen Produkte im Verkehr mit den deutschen Vereinsländern recht bald für übergangssteuerfrei erklärt werden.

II. Theil.

Berichte über Thatsachen.

1. Allgemeine Uebersicht der Lage und des Ganges der Industrie und des Handels.

Allgemeines.

Auf Grund der bei uns eingegangenen Einzelberichte versuchen wir im Nachstehenden zunächst eine übersichtliche Darstellung der Lage und des Ganges der Industrie und des Handels in unserem Bezirke während des Jahres 1884 zu geben. Erschöpfend und allgemein zutreffend kann diese Darstellung deßhalb nicht sein, weil verschiedene Geschäftsfirmen entweder überhaupt zu keinen für die Oeffentlichkeit bestimmten Mittheilungen zu bewegen sind oder die letzteren in eine Form kleiden, daß aus ihnen ein Schluß auf den Geschäftsgang selbst mit einiger Sicherheit nicht wohl zu ziehen ist.

Ueberproduktion, geringere oder größere Konkurrenz und gedrückte Verkaufspreise bewirkten neben anderen Faktoren auch im Berichtsjahre, daß sich selbst da, wo der Absatz ein flotter und zufriedenstellender war, in der Regel nur ein bescheidener Nutzen finden ließ.

Einen erfreulichen Aufschwung hat im Berichtsjahre die erst seit einigen Jahren nach hier verlegte Syphon- und Metallwaarenfabrik genommen. In der Branche der Cementwaarenfabrikation vermochte man mit der geschäftlichen Bewegung zufrieden zu sein. Auch in der Maschinenindustrie im Allgemeinen war der Gang des Geschäftes im großen Ganzen ein befriedigender. Speziell die Nähmaschinenfabrikanten haben auch im vergangenen Jahre ihre Produktion etwas ausgedehnt und dem Ausfall in Folge Sinkens der Preise durch eingehendere Verfolgung der Fabrikationsdetails sowie durch Vertrieb

neuer verbesserter Maschinensysteme entgegengewirkt. Befriedigende
Resultate wurden weiter erzielt in der Baumwoll-Spinnerei
und Weberei. Dasselbe gilt von der Glacélederhandschuh-
fabrikation, von der Preßhefefabrikation und vom
Weinhandel, namentlich soweit es sich um den Absatz von Rothwein handelt. Ziemlich gute waren die Erfolge der Papierindustrie. Der Charakter des Baugewerbes und Möbelge-
schäftes war ein durchaus normaler und hatte insbesondere das
letztere im Allgemeinen ziemlich befriedigende, im Einzelnen befriedigende Ergebnisse aufzuweisen. Die Tapeteninbustrie hat
einen stetig steigenden Umsatz zu verzeichnen. In den Ellinger
Mahl- und Kunstmühlen hatte die Produktion wegen Wassermangel zwar etwas zu leiden, dafür fanden dieselben aber für
ihr Fabrikat willige Abnehmer. Am Biergeschäft war der
Nutzen im Allgemeinen im Berichtsjahre ein geringerer als im
Vorjahre. In der Cigarrenfabrikation kann das Gesammtresultat des Geschäftsbetriebs nicht als schlecht, aber auch keineswegs als erfreulich bezeichnet werden. Das Eisengeschäft
war während des Jahres 1884 zwar stabiler als in der vorausgegangenen Periode, da weniger Preisveränderungen stattfanden,
aber doch nicht günstig zu nennen, für das sonstige Metallgeschäft
war die Lage ungünstig. Etwas gebessert hat sich die Lage des
Zwischenhandels in Manufakturwaaren. Im Holzhandel war der Geschäftsgang ein mittelmäßiger. In der Blech-
waareninbustrie konnte wegen erheblichen Preisrückganges nur
mit größter Mühe die Umsatzziffer durch vermehrten Absatz auf
der bisherigen Höhe erhalten werden. Die Glacé-Lederfabrik
Mühlburg in Baden, vormals R. Ellstätter, erzielte zwar eine
Erhöhung ihrer Umsätze, kann aber trotzdem das Berichtsjahr nicht
zu den günstigen rechnen. Ebensowenig vermag dies die Spirituosenbranche. Der Handel mit Wollenstrickgarn, sowie
mit Baumwoll-Web- und Strickgarn war, wenn auch
über den Umsatz nicht geklagt werden kann, wenig lohnend, der
Handel mit Thieren flau und gedrückt. Das Bankgeschäft
hat an Lebhaftigkeit des Verkehrs nachgelassen, so daß sich die
von Jahr zu Jahr zunehmende Konkurrenz immer mehr fühlbar

macht. Die Lage des Exportgeschäftes war wenig befriedigend, die der Essigspritfabrikation nicht befriedigend.
In der Kartoffelmehlfabrikation war an ein gewinnbringendes Geschäft ebenfalls nicht zu denken. In der Seifen-
und Lichterindustrie zeigte das Berichtsjahr im Allgemeinen
keine Besserung gegen das vorhergehende. Ebenso ist in der geschäftlichen Lage der Cichorienfabrikation und der Tabakindustrie eine Besserung nicht eingetreten. Die Parfümeriebranche muß das Berichtsjahr als ein sehr ungünstiges bezeichnen.
Die Lackfabrikation hatte in seinem Verlauf ganz bedeutend zu
leiden. Der Kolonialwaarenhandel endlich wird dasselbe stets
zu seinen schlechtesten Jahren zählen.

2. Industrie der Erden.

Obgleich auch im Berichtsjahre das Submissionssystem Resultate hervorgebracht hat, welche einer soliden Konkurrenz nicht entsprechen und sich häufig auf Kosten einer guten Ausführung geltend
machten, so fand sich doch immer noch Gelegenheit, gutes Fabrikat
und gute Ausführung zur Geltung zu bringen, und so vermochte
auch die Cementwaarenfabrik von Dyckerhoff & Widmann dahier
mit der geschäftlichen Bewegung zufrieden zu sein. Dieselbe fertigte,
außer verschiedenen Betonirungsarbeiten, gegen 50 000 Meter
Röhren an, welche zum größten Theil für auswärts bestimmt und
zu deren Versendung ca. 600 Doppelwaggons erforderlich waren.
Ihre Absatzgebiete sind für das am hiesigen Platze bestehende
Geschäft Baden, Württemberg, Bayern, Rheinbayern, Elsaß-Lothringen, die Schweiz und Vorarlberg; für die übrigen deutschen
Landestheile hat die Fabrik Filialen in Biebrich a. Rhein und
St. Jobst bei Nürnberg.

3. Metallverarbeitung.

Die Blechwaarenfabrikation wurde in Bretten früher von
zwei Fabriken, einer größeren und einer kleineren, betrieben. Die
kleinere der beiden Fabriken ist neuerdings in Folge ungünstiger
Resultate eingegangen und haben die meisten der dort beschäftigt
gewesenen Arbeiter in der größeren Fabrik Aufnahme gefunden.

Die Arbeiterzahl der letzteren hat sich hierdurch um ¼ des früheren Bestandes vermehrt. In Folge des niedrigen Preisstandes der Eisen-, Zink- und Messing-Bleche sind die Verkaufspreise der fertigen Produkte sehr erheblich zurückgegangen und bedarf es deßhalb aller Anstrengung, um die Umsatzziffer durch vermehrten Absatz auf der bisherigen Höhe zu erhalten.

Der Export nach Rußland und Italien, welcher früher ziemlich lebhaft war, ist in Folge der hohen Eingangszölle, womit diese Länder die Blechwaaren belegt haben, sehr zurückgegangen.

Im Laufe des Berichtsjahres wurde eine bis dahin in Flehingen bestandene Bierkühlapparate-Fabrik nach Bretten verlegt; dieselbe beschäftigt ca. 25 Arbeiter und versendet ihre sich gut bewährenden Artikel zum Theil nach sehr fernen Gegenden. *Bierkühlapparate.*

In Karlsruhe fertigt die Fabrik von Friedrich Bock als Spezialität Syphons für Sodawasser und Metallwaaren für die Parfümeriebranche. Dieselbe hat im Berichtsjahre einen bedeutenden Aufschwung erfahren, insbesondere im Exportgeschäft, wo sie den Kampf namentlich mit der Pariser Konkurrenz mit Erfolg aufzunehmen vermochte. Der sechste Theil ihrer Erzeugnisse ging allein nach Holland. Die Versuche, nach Amerika zu exportiren, waren von Erfolg gekrönt und verspricht insbesondere Süd-Amerika ein größeres Absatzgebiet zu werden. Rußland, wohin früher viel importirt wurde, mußte, weil daselbst das Apothekerwesen gesetzlich anders geregelt wurde, fast ganz aufgegeben werden. Ersatz dafür bot der Export nach Schweden und Dänemark. Neuerdings liefen Aufträge aus Italien, Galizien, Portugal und der Türkei ein. Die Fabrik betheiligt sich auch an der in diesem Jahre in Antwerpen stattfindenden internationalen Ausstellung. *Syphons und Metallwaaren.*

4. Maschinen, Werkzeuge, Instrumente, Apparate.

Die Lage der deutschen Nähmaschineninindustrie im Allgemeinen hat sich im Berichtsjahre nicht günstiger als im Vorjahre gestaltet und ist ein weiteres Heruntergehen der Preise zu verzeichnen. Die Gründe hiervon resultiren zum großen Theil aus *Nähmaschinen.*

der Art der Fabrikation, welche sich der sehr oft unregelmäßigen
Nachfrage von Jahr zu Jahr schwieriger anpassen läßt.

Die rege Konkurrenz macht unter Anderem ein möglichst weit-
gehendes Reduziren der Stücklöhne nothwendig, welche dem Arbeiter
bei langsam einlaufenden Bestellungen und deßhalb kurzer täglicher
Arbeitszeit nur wenig lohnenden Verdienst ermöglichen. Ein häu-
figer Wechsel im Arbeiterpersonal ist die lästige Folge davon.

Die badischen Nähmaschinenfabrikanten haben auch im vergangenen Jahre ihre Produktion etwas ausgedehnt und dem Ausfall in Folge Sinkens der Preise durch noch eingehendere Verfolgung
der Fabrikationsdetails sowie durch Vertrieb neuer verbesserter
Maschinensysteme entgegengewirkt.

Die Firma Gritzner & Co. in Durlach baute im Jahre 1884
gegen 23000 Nähmaschinen im Werthe von etwa einer Million
Mark und beschäftigt ständig 400 Arbeiter. Ueber ⅔ ihrer Erzeugnisse wurden exportirt und gehören dieselben den gleichen Sy-
stemen wie im Vorjahre an.

Eine Erhöhung des deutschen Eingangszolles auf Nähmaschinen würde die große Mehrzahl der deutschen Nähmaschinenfabrikanten für schädlich erachten, da eine Revanche von Seiten des
Auslandes kaum ausbleiben dürfte und damit der Absatz im Auslande mehr und mehr erschwert, wenn nicht überhaupt ganz unmöglich gemacht werden würde. Die deutsche Nähmaschinenindustrie
bedarf nach ihrer Ansicht keiner Schutzzölle; die Güte und Preis-
würdigkeit ihrer Erzeugnisse werde im Inlande endlich gebührend
gewürdigt und für ihr weiteres erfolgreiches Durchdringen im Auslande wünsche sie nichts als freie Konkurrenz. Die Zwecklosigkeit
hoher Schutzzölle zeige sich an der amerikanischen Nähmaschinenindustrie. Die letztere erfreue sich eines förmlichen Sperrzolles
und befinde sich trotzdem in einer keineswegs rosigen Lage, vielmehr
werde sie vermuthlich außerhalb der Unionsstaaten rasch an Boden
verlieren, da sie der deutschen Konkurrenz kaum Stich halten dürfte.
Die französischen und englischen Erzeugnisse der Branche träten
stetig mehr zurück und ebenso scheiterten die Bemühungen der österreichischen Nähmaschinenfabrikanten, ihre Fabrikate auf eine nennenswerthe Höhe zu bringen.

Der Geschäftsgang der Maschinenfabriken im Allgemeinen war im großen Ganzen ein befriedigender. Lokomotiven, Dampf- und andere Maschinen.

Bei der Maschinenbaugesellschaft Karlsruhe waren durchschnittlich 626 Arbeiter gegen 583 im Jahre 1883 eingestellt, welche vollauf Beschäftigung hatten. Rohmaterialien wurden im Werthe von M. 805122.19 gegen M. 783412.54 im Jahre 1883, Brennmaterialien im Werthe von M. 82407.67 gegen M. 82681.52 im Jahre 1883 verbraucht, an Löhnen wurden M. 509666.14 gegen M. 550353.18 im Jahre 1883 ausgezahlt. Der Werth der abgesetzten Fabrikate betrug M. 1838945.19 gegen M. 1453428.59 im Jahre 1883.

Die Vervollkommnung der zentralen Signal- und Weichenstellungs-Apparate hat im Berichtsjahre in der Maschinenfabrik Schnabel & Henning in Bruchsal wiederum weitere Fortschritte gemacht und gelangen erstere in immer weiterem Maaße zur Anwendung. Zentrale Signal- und Weichenstellungsapparate.

Versandt wurden 1282000 kg (7000 kg mehr als im Vorjahre).

Der Durchschnittspreis erfuhr eine kleine Aufbesserung in Folge verminderter Anwendung von groben Eisentheilen.

Die durchschnittliche Arbeiterzahl betrug 134 (einschl. der Montage-Arbeiter 180) gegen 100 im Jahre 1883.

Die Wagenfabrik Schmieder & Mayer dahier fertigte bei einer durchschnittlichen Arbeiterzahl von 260 Mann ungefähr 240 Personen-, Güter- und Tramway-Wagen — worunter größere Lieferungen für die Großherzoglich badischen Staatseisenbahnen und für die Reichseisenbahnen in Elsaß-Lothringen —, außerdem verschiedene Gegenstände für Eisenbahnbedarf und Private. Der Gesammtbetrag der gefertigten Arbeiten belief sich auf ungefähr M. 600000. Wagen.

5. Chemische Industrie.

Für die chemische Fabrik bei Karlsruhe verfloß das Berichtsjahr 1884 ziemlich analog dem Vorjahre und ist dem in unserem Berichte pro 1883 Gesagten nichts Bemerkenswerthes hinzuzufügen. Chemische Industrie.

4

6. Seife, Lichter, Parfümerien, Lacke.

Seife und Lichter.

Ueber die Lage und Ergebnisse der Bruchsaler Seifen- und Lichterindustrie ist Folgendes zu berichten:

Das Berichtsjahr zeigte im Allgemeinen keine Besserung gegen das vorhergehende. Die früheren, der Seifenindustrie günstigen Jahre haben eine stets wachsende Konkurrenz hervorgerufen, wodurch auch im Jahre 1884 die Preise in einer theilweise ganz ungerechtfertigten bezw. der Lage des Rohproduktenmarktes nicht entsprechenden Weise gedrückt und die Verdienste auf ein Minimum beschränkt wurden. Die im Anfange des Jahres guten Aussichten auf eine anhaltende Besserung der Kernseifenpreise machten schon frühzeitig einem langsamen, aber stetigen Rückgange Platz, so daß man im Dezember wieder auf dem niedrigen Stande vom Jahre 1882 angekommen war. Die Veranlassung hierzu war das besonders im Mai plötzlich eintretende, ganz unerwartete Weichen eines der wesentlichsten Rohprodukte, das im zweiten Halbjahre mit geringen Unterbrechungen zwar langsam, aber ständig seinen Fortgang nahm.

Auch die Schmierseifen zeigten in Folge der ungewöhnlich billigen Leinölpreise eine stets weichende Tendenz und konnten sich, als eine Leinöl-Hausse eintrat, nicht erholen.

In Talglichtern ist ein abermaliger Rückgang von Fabrikation und Umsatz zu verzeichnen, wie denn überhaupt dieses Fabrikat nach und nach durch die billigen Paraffin- und Stearinkerzen verdrängt zu werden scheint.

Talg hat einen stetigen Preisrückgang erfahren und war am Schlusse des Berichtsjahres um 15 bis 20 % unter den Anfangspreis gesunken; eine Besserung ist zunächst auch nicht zu erwarten.

Als theilweisen Ersatz für belgisches und holländisches Olein, das bis zum Schluß der Periode einen festen Stand behielt, wurde das im Inland geschlagene Arachideöl vortheilhaft verwendet und dürfte sich dasselbe auch fernerhin in der Seifenindustrie behaupten.

Die letztere hat in Bruchsal im Laufe des Jahres 1884 insofern einen Aufschwung genommen, als eine neue Seifenfabrik

(Fortsetzung auf Seite 52.)

Seifen- und Glycerin-Produktion in Bruchsal in den Jahren 1884 und 1885.

Verarbeitete Rohprodukte.

Rohprodukte.	Quantum in kg		Preis pro 100 kg in Mark.	
	1884.	1883.	1884.	1883.
Palmkernöl	318 600	307 000	71/62	66/71
Palmöl	23 700	46 000	80/70	82
Cottonöl	118 700	105 500	55¼/56¼	66
Olein	45 800	68 000	67/59	66
Krachbeil	8 600	—	69	—
Siebtalg	3 400	3 600	82/68	66
Lichtertalg	3 600	5 500	79/55	90
Leinöl	48 800	45 000	44/60	52/46
Harz	10 600	—	10	—
caust. Soda	85 500	—	27½	28
calcin. Soda	18 400	127 500	13½	15
Pottasche	18 700	24 000	41/38½	43
zusammen	704 400	732 300		

Fabrikate.

Fabrikate.	Quantum in kg		Preis pro 100 kg in Mark.	
	1884.	1883.	1884.	1883.
Kernseife	893 000	883 000	63/56	63
Halbkernseife			41	47
Leimseife			36	41
Delleseife (Schmierseife)	128 000	122 000	34	36
Talglichter	3 400	5 500	103/100	108
zusammen	1 024 400	1 010 500		

4 *

(Fortſetzung von Seite 50).

errichtet wurde, was natürlich, wie ſchon oben angedeutet, auch einigermaßen auf den Rückgang der Verkaufspreiſe wirkte.

Die Firma Manz & Gamber konnte ihren Umſatz in Fabrikaten trotzdem durch Anſuchen neuer günſtiger Abſatzgebiete nicht nur behaupten, ſondern noch ziemlich vergrößern und wurde dadurch der Ausfall an gedrückten Preiſen wieder gedeckt. Ihr Verſandt erſtreckt ſich auf Baden, Würtemberg, Elſaß-Lothringen, die Pfalz, die Rheinprovinz und theilweiſe auch auf die Schweiz.

Im Ganzen waren in den Bruchſaler Fabriken 20–25 Arbeiter beſchäftigt, die einen durchſchnittlichen Taglohn von M. 2.50 bis M. 3 pro Mann bezogen.

Eine vergleichende Ueberſicht der von den Fabriken verarbeiteten Rohſtoffe und deren Quantitäten ſowie der Fabrikate für die Jahre 1884 und 1883 enthält die Tabelle auf Seite 51.

Parfümerien.

Der Parfümeriebranche hatte der deutſche Zolltarif vom Jahre 1879, durch den mit Wirkſamkeit vom 1. Januar 1880 für ausländiſche Erzeugniſſe der Eingangszoll von M. 20 auf M. 100 pro 100 kg erhöht wurde, einen bemerkenswerthen Aufſchwung im Abſatze ihrer eigenen Produkte gebracht. Die hieran geknüpften Hoffnungen und Erwartungen einer günſtigen Weiterentwickelung haben ſich jedoch in Folge eines inzwiſchen innerhalb der deutſchen Vereinsländer eingetretenen beklagenswerthen Zuſtandes, der dieſe Branche ſchwer ſchädigt und bei längerer Fortdauer für dieſelbe die Gefahr des gänzlichen Verluſtes ihres Abſatzes nach außerbadiſchen Vereinsländern in ſich birgt, nicht erfüllt. Im Jahre 1883 begann man nämlich zunächſt an der norddeutſchen Grenze und zwar ſpeziell nach Thüringen hin, an einzelnen Orten von eingehenden deutſchen alkoholhaltigen Artikeln der Parfümerie- und anderer Branchen die Branntweinübergangsſteuer zu erheben; nach und nach hat ſich dann dies Verfahren auf der ganzen Linie nach dem Norden und in den übrigen unſer Land umgebenden deutſchen Staaten eingebürgert. Obgleich alle auf die Branntweinſteuer bezüglichen Geſetze nur von Branntwein als ſolchem, nicht aber von alkoholhaltigen deutſchen Induſtrieerzeugniſſen ſprechen, wurden

unferen Fabrikanten doch zu wiederholten Malen wegen unter-
laffener Ausftellung von Uebergangsfcheinen die Waaren konfiszirt
und empfindliche Geldftrafen auferlegt. Die dem Empfänger aber
aus der Erledigung der Uebergangs-Steuerformalitäten vielfach
erwachfenden Plackereien und Zeitverlufte haben zur Folge gehabt,
daß unfere einheimifche Induftrie bereits eines erheblichen Theils
ihrer Kundfchaft in den außerbadifchen Vereinsländern verluftig
gegangen ift und muß fie insbefondere das letzte Gefchäftsjahr als
ein fehr ungünftiges bezeichnen. Uebrigens hat nicht nur der Abfatz
in alkoholhaltigen Parfümerien, fondern auch in verwandten Artikeln, wie kosmetifchen Präparaten, Toilettefeifen u. f. w. aus
naheliegenden Gründen einen namhaften Rückgang erlitten. Der
bisherige Abnehmer aus Staaten, welche die erwähnte Steuer erheben, deckt natürlich jetzt auch feinen Bedarf an Artikeln der letzt-
genannten Art da, wo er nunmehr wohl oder übel feine alkoholhaltigen Parfümerien kaufen muß d. h. im Bereiche feines Brannt-
weinfteuergebietes. Von erheblichem Nutzen find diefe Verhältniffe
felbftverftändlich für den großen Norden des Reichs; fie kommen
aber auch der ausländifchen Konkurrenz, gegen welche unfere Induftrie Jahrzehnte in ernftem Kampfe ftand, zu gut, denn die
Eingangsverzollung fremder Parfümerien erfolgt in der einfachften
Art, d. h. nach dem Gewicht, und außerdem unterliegen auslän-
difche Parfümerien keiner Uebergangsfteuer im Verkehr innerhalb
der deutfchen Vereinsländer.

In unferem Bezirke find es befonders die beiden bedeutenden
Parfümeriefabriken am hiefigen Platze, die, was die Qualität,
den Gefchmack, die Ausftattung und den Preis ihrer Artikel betrifft, den Kampf mit jeder ausländifchen Konkurrenz aufzunehmen
wohl in der Lage find. Ihr Abfatz erftreckt fich, indem ihre Waaren
vielfach den franzöfifchen und englifchen Produkten das Abfatzgebiet
mit Erfolg ftreitig machen und das gegen deutfche Erzeugniffe nicht
nur im Inlaude, fondern auch im Auslande vielfach herrfchende
Vorurtheil befeitigen helfen, insbefondere in den Spezialitäten nach
den meiften europäifchen, fowie nach einzelnen überfeeifchen Ländern.

Nach der Schweiz ift der Abfatz in Folge der Erhöhung des
Eingangszolls auf kosmetifche Präparate von Frcs. 30 auf Frcs. 70

sehr beeinträchtigt worden. Nach Oesterreich ist die Ausfuhr sehr erschwert, indem dorthin alle Waaren, die sich irgendwie unter den Begriff „kosmetische Artikel" bringen lassen, nur von daselbst ansässigen konzessionirten Apothekern eingeführt werden dürfen; außerdem ist in Oesterreich eine Zollerhöhung für Parfümerien und Seifen beantragt, die, wenn sie persekt werden sollte, die Ausfuhr dorthin ganz unmöglich zu machen geeignet wäre.

Um so mehr ist zu wünschen, daß unsere Industrie baldigst von der Fessel, die ihr innerhalb des Reichsgebiets durch die oben erwähnte Erhebung der Branntweinübergangssteuer angelegt ist, befreit wird (vgl. auch S. 41—43).

Lacke. Unter den Folgen der Erhebung der Branntweinübergangs-steuer von alkoholhaltigen deutschen Produkten, wie sie in den unser Großherzogthum umgebenden deutschen Staaten beliebt wird, hatte im Berichtsjahre auch die Lackfabrikation ganz bedeutend zu leiden. Der Umsatz blieb um ein Drittel, der Nutzen um etwa die Hälfte gegen die Vorjahre zurück. Trotzdem die Fabrikanten den Abnehmern durch theilweise Uebernahme der Uebergangssteuer ent-gegenzukommen bestrebt gewesen sind, hat sich ihre Kundenzahl in den außerbadischen deutschen Staaten fortwährend vermindert und wäre auch für diese Branche bei Fortdauer des betreffenden Uebel-standes die Gefahr sehr nahe gelegen, das übrige Reichsgebiet ganz und gar als Absatzquelle zu verlieren. Vom 1. Juni d. J. an kommt indessen glücklicher Weise die Branntweinübergangssteuer von Lacken nicht mehr zur Erhebung (vgl. auch S. 41 und 42).

7. Textilindustrie.

Baumwolle. Die Geschäftslage der Baumwollindustrie im Jahre 1884 kann im Allgemeinen nicht als besonders ungünstig bezeichnet werden.

Besonders die Spinnereien vermochten bei verhältnißmäßig billigen Baumwollpreisen zu Anfang des Jahres ihren Bedarf an Rohmaterial für längere Zeit zu decken und daher bei dem Ver-lauf der Garne an die Webereien einen mäßigen Nutzen zu er-zielen.

Dagegen lag das Geschäft der Webereien, wie auch in den vorhergehenden Jahren, etwas weniger günstig und waren die Preise der Gewebe, trotz der steigenden Bewegung der Preise der Rohbaumwolle im Laufe des Sommers, nur mit Mühe zu halten.

Schuld daran war einerseits die Mode, welche sich, wie schon im Vorjahre, nicht für die baumwollenen Kleiderstoffe, wie gedruckte Saline, Kattune u. dgl., sondern mehr für die leichteren wollenen Stoffe entschieden hatte, wodurch die früher für solche Artikel beschäftigten Webereien gezwungen waren, zur Anfertigung der geringeren Baumwollstoffe überzugehen und die Konkurrenz darin noch zu vergrößern, andererseits die schlechte Lage der englischen Industrie, wodurch der deutschen Weberei die Konkurrenz auf dem Weltmarkte erschwert und dieselbe mehr auf den einheimischen Markt beschränkt wurde. Es mußte daher ein sehr großes Angebot in Geweben stattfinden, in Folge dessen die Preise nothwendigerweise herabgedrückt wurden.

Selbst die Wirkung der besseren Ernte, gegenüber den Vorjahren, konnte unter diesen Verhältnissen wenig oder gar nicht verspürt werden.

Anders als für die gewöhnlichen Produkte der Weberei standen die Aussichten für die Baumwollsammete.

Die Mode, welche schon seit einigen Jahren die Sammetfabrikate begünstigte, hatte sich wieder für dieselben entschieden, was zur Folge hatte, daß, trotz der Entstehung mehrerer neuer Fabriken, die Sammetfabrikation kaum im Stande war, dem Bedarf an Sammetwaaren nachzukommen und die Produktion allerorts auf das Aeußerste angespannt werden mußte, um die eingelaufenen Aufträge nur einigermaßen rechtzeitig zu erledigen.

Ein großer Theil der deutschen Sammetproduktion wird exportirt und zwar hauptsächlich nach Nordamerika, Frankreich und Oesterreich, ferner nach Italien, Spanien, England und dem Orient.

Die Ettlinger Spinnerei und Weberei war zunächst in Folge ihrer günstigen finanziellen Lage im Stande, sich zeitig genug mit einem großen Vorrath billig eingekaufter roher Baumwolle zu versehen und sich dadurch einen mäßigen Gewinn sicher zu stellen. Auch ließ sich, trotz der großen Konkurrenz, aus dem Verkaufe der gewöhnlichen Gewebe, wie Hembentuche, glatter und geköperter fertiger Futterzeuge, Satine u. dgl. ein mäßiger Nutzen erzielen, während in Folge der großen Nachfrage nach Sammelwaaren, die in der Fabrik gewoben, sowie gefärbt und fertig ausgerüstet werden, eine bedeutende Steigerung der Produktion auf den vorhandenen Maschinen ermöglicht wurde, so daß den Arbeitern ein erhöhter Verdienst zugewendet, wie auch der Umsatz des Geschäftes weiter gesteigert werden konnte.

Die Gesammtproduktion der Weberei stellte sich denn auch auf 136 600 Stück gegen 129 000 Stück im Jahre 1883.

An roher Baumwolle wurden verarbeitet 3 600 Ballen im Werthe von M. 833 500 gegen 3 430 Ballen im Werthe von M. 826 000 im Jahre 1883.

Der Verbrauch an Steinkohlen betrug 173 000 Zentner im Werthe von M. 120 000 gegen 145 000 Zentner im Werthe von M. 112 000 im Jahre 1883.

Auch von anderen Rohstoffen, wie Stärkemehl, Anilinfarben und sonstigen Droguen wurde ein entsprechend größeres Quantum wie in den Vorjahren verbraucht, jedoch konnten solche theilweise zu ziemlich mäßigen Preisen beschafft werden, besonders Aniline, welche in Folge Freiwerdens verschiedener Patente, hauptsächlich aber in Folge der gewaltigen Konkurrenz der zahlreichen Anilinfabriken von Jahr zu Jahr im Preise herabgedrückt werden.

An Arbeitslöhnen wurden bei einer Zahl von 1 100 Arbeitern M. 730 000 verausgabt gegen M. 673 300 im Jahre 1883 und rührt die Mehrausgabe nur zum kleinsten Theile von der etwas stärkeren Arbeiterzahl, zum größten Theile vielmehr von den nothwendig gewordenen Ueberstunden und dem intensiveren Betriebe im Berichtsjahre her.

8. Papier und Leder.

In der Papierindustrie unterschied sich das Jahr 1884 dadurch von den vorangegangenen, daß die Nachfrage — vielleicht weil manche Fabriken bei dem niedrigen Wasserstande weniger produzirten — eine regere war.

Die Preise der geringeren Hadern erlitten einen weiteren

Rückgang, während sich bessere behaupteten und neuerdings sogar höher notirt werden. Sehr zu beklagen haben die Fabrikanten immer noch, daß dieses Material seit Aufhebung des Ausfuhrzolls durch Aussuchen und Exportiren der besseren Stoffe sehr an Güte abgenommen hat.

Ordinäre Papiere sind theilweise im vergangenen Jahre noch weiter im Preise herabgedrückt worden, bessere konnten gehalten werden. Einer Erhöhung der Papierpreise aber, wovon man sich in Fabrikantenkreisen auch einen resoluten Zugriff der Abnehmer und somit einen weniger zersplitterten Verkauf verspricht, standen die Gründungen neuer und Erweiterungen bestehender Fabriken im Wege, welche die bestehende Konkurrenz in absehbarer Zeit sehr verschärfen werden.

In der Papierfabrik von Gebrüder Buhl in Ellingen war, allerdings unter starker Zuhilfenahme der Dampfmaschinen, im Berichtsjahre die Produktion eine etwas größere und der Umsatz ein höherer als im Vorjahre.

Von der Fabrik für chemisch präparirte Papiere der Firma Gebrüder Leichtlin dahier kann das Jahr 1884 im Allgemeinen nicht als ungünstig bezeichnet werden, indem dieselbe in Folge ihrer sich stets vervollkommnenden Fabrikate auch in diesem Jahre den Betrieb auszudehnen vermochte. Es gelang ihr, unterstützt durch tüchtige Agenten, namentlich den Export zu steigern und vor Allem auch in England vielversprechende Absatzgebiete zu erschließen, in welchem Lande es bisher nicht möglich gewesen war, mit Erfolg aufzutreten. Es war dies hauptsächlich durch Hervorbringen eines neuen Pauspergaments veranlaßt, welches an Zähigkeit und Festigkeit von keinem anderen Fabrikate erreicht wird.

Chemisch präparirte Papiere.

Im Uebrigen blieb der Absatz nach Frankreich, Italien und Nordamerika ein lebhafter, während das inländische Geschäft auf gleichem Stande wie im Vorjahre sich bewegte.

Durch Erstellung eines neuen, auf's Vollkommenste eingerichteten Trockenhauses konnte die Fabrik ihre Produktionsfähigkeit steigern und somit allen übernommenen Verpflichtungen genügen.

In der Tapeten-Branche war die Nachfrage nach geringer

Tapeten.

und mittelfeiner Waare befriedigend, während in Primaqualitäten
der Abjatz immer schwieriger wird. Die Preise der Materialien,
Papier und Farben, sind immer noch weichend, freilich vielfach
auf Kosten der Qualität. In Folge dessen sind auch die ohnehin
schon sehr gedrückten, auf Massenproduktion berechneten Tapeten-
preise eher noch weiter zurückgegangen. Die anspruchsvolle, rasch
wechselnde Mode und die Anstrengungen der Konkurrenz erheischen
jedes Jahr größere Ausgaben für neue Muster. Dies maßlose
Ueberbieten kann nur nachtheilig wirken; es verursacht unverhält-
nißmäßige Kosten und schwächt die Produktionsfähigkeit durch
Zersplitterung der Aufträge.

Hinsichtlich der Konditionen wünscht man ein einheitlicheres
Vorgehen der Fabrikanten, wodurch manchem Mißstand abzuhelfen
und manchem Verlust rechtzeitig vorzubeugen wäre.

Der Export nach Schweden ist sehr erschwert durch ein daselbst bestehendes Gesetz, wornach das Auffinden von noch so geringen, der Gesundheit absolut nicht nachtheiligen, übrigens unver-
meidlichen Mengen von Arsen in den Farben Strafe nach sich
zieht. (Vgl. auch S. 7 bis 9.)

Die Tapetenfabrik von L. Kammerer in Karlsruhe hat einen
stetig steigenden Anjatz zu verzeichnen und sich dadurch neuerdings
zu einer wesentlichen majchinellen Ausdehnung ihres Betriebs veranlaßt gesehen.

Glacé-Leder und
-Handschuhe.

In der Glacé-Lederbranche waren die Verhältnisse im Berichtsjahre von denen des vorhergehenden Jahres insofern ver-
schieden, als das Mißverhältniß zwischen theurem Rohprodukt und
dem Verlangen der Käufer nach billigeren Preisen des fertigen
Fabrikats weitere Fortschritte gemacht hat.

Sehr ungünstig wirkte auch die Mode der Stoffhandschuhe
auf den Artikel ein, wodurch der Verbrauch von ledernen Hand-
schuhen und damit von Glacéleder wesentlich reduzirt wurde.

Trotz dieser widrigen Verhältnisse hat die Glacé-Lederfabrik
Mühlburg in Baden, vormals R. Ellstätter, wie überhaupt seit
ihrem Bestehen, so auch im Berichtsjahre eine Erhöhung ihrer
Umsätze erzielt, die lediglich dem guten Renommée ihres Fabrikates

zu verdanken ist; zu den günstigen Jahren kann indessen das Berichtsjahr von ihr nicht gerechnet werden.

Die Glacé-Handschuhfabrik von Wilhelm Ellstätter dahier hat wesentlich Neues nicht zu berichten.

Dieselbe war auch im vergangenen Jahre stets gut beschäftigt, so daß die volle Arbeiterzahl gehalten werden konnte. Die Produktion betrug ca. 16 000 Dutzend Glacéhandschuhe, wozu etwa 100 000 Lamm- und Zickel-Felle verwendet wurden. Die Preise der Rohstoffe blieben hoch, nur gegen Ende des Jahres trat für Lamm- und Zickel-Felle eine rückgängige Tendenz ein, die auch noch fortdauert.

9. Nahrungs- und Genußmittel.

In der Mühlen-Branche zeichnete sich das Jahr 1884 durch überall zu Tage getretenen großen Wassermangel aus. Speziell in der den Ettlinger Werken und Mühlen die Betriebskraft liefernden Alb war der Wasserstand schon während des Frühjahrs ein sehr kleiner und schwand im Laufe des Sommers noch so weit, daß das zufließende Quantum theilweise kaum zur Intriebsetzung der leeren Werke hinreichte. Hauptsächlich den in und unterhalb der Stadt gelegenen Geschäften machte sich dieser Mangel umsomehr fühlbar, als für diese der Zufluß in Folge des Aufstauens der oberen Werke ein sehr unregelmäßiger wurde, ja mitunter ganz ausblieb.

Unter diesem Mißstande mußte die Produktion natürlich leiden und wenn auch zwei der Mühlen nebenbei noch für Dampfbetrieb eingerichtet sind, so ist doch auch bei diesen die erzeugte Menge gegen das Vorjahr nicht unwesentlich zurückgeblieben. Anderntheils hatte jedoch die allgemein verminderte Produktion das Gute, daß das Angebot in Mehl Seitens der Konkurrenz kein so bringendes wurde, so daß die Ettlinger Geschäfte für ihr Fabrikat willige Abnahme fanden.

Am Anfang des Jahres waren die Vorräthe des inländischen Getreides schon ziemlich zusammengeschmolzen, weßhalb die Mühlen ihren Bedarf durch ausländische Waare decken mußten, womit sie von Rußland und Amerika reichlich versorgt wurden. In der zweiten Hälfte des Jahres — nach der Ernte — kam das in diesem Jahre qualitativ gut gerathene und auch bei der Ernte gut eingebrachte heimische Gewächs mehr zur Geltung, in Folge dessen sich der Verbrauch von fremden Sorten wesentlich verringerte.

Die vom Auslande und zwar hauptsächlich von Rußland kommenden starken Zufuhren in Getreide drückten dermaßen auf die Preise, daß dieselben schließlich einen solch niederen Stand erreichten, wie sie ihn seit Jahrzehnten nicht gehabt hatten. Gegen Ende des Jahres besserten sich indessen die Preise im Hinblick auf die erstrebten Zollerhöhungen wieder etwas, ohne daß jedoch die Mehlpreise davon profitirten.

In den Ettlinger Mühlen — 8 Mahl- und Kunstmühlen — waren zur Zeit der Abfassung dieses Berichts 41 Arbeiter und 90 Pferde beschäftigt. Der Wochenlohn eines Arbeiters beträgt bei vollständig freier Verpflegung und Wohnung durchschnittlich M. 9.

Das Kartoffelmehl wird geradezu verschleudert, so daß trotz der billigen Kartoffelpreise an ein gewinnbringendes Geschäft nicht zu denken ist. Von einer unter den größeren Fabriken Teutschlands zu Stande gekommenen Konvention verspricht man sich jedoch eine Besserung der Lage.

Im Cichorien-Geschäft ist es nicht besser geworden. Dasselbe wird besonders durch alle möglichen theueren Packungen, wie z. B. durch Einwickeln der Pakete in Halstücher, Schreibhefte, Stickmuster u. s. w. erschwert. Es ist deßhalb auch der Preis für die grünen Cichorien-Wurzeln im Kreise Karlsruhe um 20 Pf. pro 100 kg, d. h. von M. 3 auf M. 2.80, heruntergegangen. Um den Cichorien-Pflanzern etwas helfend entgegen zu kommen, hat der Reichstag einen Eingangszoll von M. 1 pro 100 kg für getrocknete Cichorien und Zuckerrüben zu erheben beschlossen und soll derselbe mit dem 1. Januar 1886 in Kraft treten. Die Einfuhr aus Belgien und Holland war bis jetzt sehr beträchtlich und dürfte genannter Eingangszoll günstige Wirkungen im Inlande haben.

Was die Fabrikation von künstlichem Krystalleis am hiesigen Platze betrifft, so sind die an dieser Stelle im vorjährigen Berichte

ausgesprochenen Erwartungen für das Jahr 1884 vollständig in
Erfüllung gegangen; der Konsum war ein außerordentlich großer,
so daß die Leistungsfähigkeit der Maschine der hiesigen Eisfabrik
von Louis Benzinger in der Hauptsaison nicht hinreichte, um
allen Nachfragen genügen zu können. Der Preis für das Eis
war demgemäß ungefähr doppelt so hoch als in normalen Jahren.
Vom Februar bis einschließlich November war die Fabrik mit
Ausnahme einiger kurzer Unterbrechungen unausgesetzt Tag und
Nacht im Betrieb mit einer Produktion von 240 Zentnern in 24
Stunden.

Die Malzfabrikation, die in den ersten Monaten des Be- *Malz.*
richtsjahres noch die beregnete Gerste von der 1883er Ernte zu
verarbeiten hatte und in dieser Hinsicht sehr behutsam vorgehen
mußte, fand in dem Erzeugniß der neuen Ernte ein Rohprodukt
vor, das in Bezug auf Korngröße, Farbe und Aroma, sowie
Keimfähigkeit und Auflösung, zu dem Besten gehört, was seit
20 Jahren bei uns gewachsen ist.

Der Preisaufschlag der Gerste kam bei Malz nur theilweise zum Ausdruck, indem für letzteres im Oktober—November
M. 28, im Dezember M. 28.50 bis M. 29 pro 100 kg erzielt
wurden.

Der Absatz war gegen das Vorjahr ein etwas größerer, der
Geschäftsnutzen in Folge des Druckes der österreichischen Konkurrenz
zwar ein bescheidener, doch auskömmlicher.

In Bruchsal wurden im Berichtsjahre ungefähr 40 000 bis
45 000 Meterzentner Malz im Werthe von annähernd M. 1 200 000
umgesetzt.

Für die Bierbrauerei war der Geschäftsgang im Inlande *Bier.*
normal, dagegen litt der Export nach Frankreich und Italien
unter dem Einflusse der Cholera. Hopfen und Gerste waren billig,
wogegen die Beschaffung des Eises in Folge des eislosen Winters
bedeutenden Mehraufwand normalen Jahren gegenüber verursachte.
Da dieser Ausfall nicht durch eine Preiserhöhung des Bieres gedeckt werden konnte, so war der Nutzen am Biergeschäft im Allgemeinen geringer als im Vorjahre. Eine ganz namhafte Beein-

trächtigung ihres Gewerbes erfahren die inländischen Brauer durch
den sehr gestiegenen Import Münchner Biere.

Für die Spirituosenbranche war das Berichtsjahr kein günstiges.
Die Preise für Rohspiritus bezw. Branntwein bewegten sich
vom Beginn bis zum Ende desselben von M. 52 bis M. 46 per
10 000 Liter % stetig abwärts. Damit war der niedrigste Preisstand gegeben, den Rohspiritus jemals erreicht hat. Was noch
nie der Fall gewesen, war außerdem, daß der niedere Preis
mehrere Monate hindurch in der Hauptverbrauchszeit stabil blieb.
Der Grund hiervon ist in der großen Produktion dieses Artikels
zu suchen, die von einer Seite übrigens bereits als Ueberproduktion
bezeichnet wird. Würde damit nicht bald Einhalt gethan, so
wären schwere Schädigungen kaum zu vermeiden; schon jetzt erziele
der badische Spiritusproduzent für sein Produkt M. 4—5 per
10 000 Liter % weniger als der außerbadische..
Die Preise für gereinigten Branntwein schwankten zwischen
M. 55—63—48 per 100 Liter à 100 %, die für Feinsprit
zwischen M. 64—60—52.
Wiederum zu registriren sind die Klagen der Sprit- und
Branntweinhändler sowie der Brennereibesitzer, welche Obst- und
Beerenbranntwein herstellen, über die durch die verschiedenartigen
Steuergesetze der deutschen Staaten hervorgerufene Absperrung
Badens vom übrigen Reichsgebiet und über die Mangelhaftigkeit
unseres derzeitigen Brennsteuergesetzes in Bezug auf die Obst- und
Beerenbrennerei. Württemberg, das einzige außerbadische deutsche
Absatzgebiet, welches bis jetzt unserem Sprit- und Branntwein-
handel noch offen stand, wird ihm in Folge der daselbst neuerdings eingeschlagenen Steuerpolitik nun ebenfalls verloren gehen.
Die Obst- und Beerenbrennerei aber fühlt sich dadurch schwer geschädigt und in ihrer Existenz bedroht, daß sie jetzt eine gegen
früher um 33⅓ % höhere Fabrikationssteuer zahlen muß, während sie ihr Fabrikat nicht theurer als früher absetzen kann; in
der erhöhten Uebergangssteuer vermag sie einen Schutz nicht zu
erblicken, da sie eine außerbadische Konkurrenz nicht zu fürchten
hat. Einen großen außerdeutschen Markt besitzt die Obst- und

Beerenbrennerei nicht; Frankreich insbesondere kauft seit dem Kriege lieber in der Schweiz.

Die Steinobsternte hat im Berichtsjahre im Ganzen kein befriedigendes Resultat ergeben. Nur in Kirschen wurde eine Mittelernte erzielt und konnten sich Brenner ohne Schwierigkeit ihren Bedarf zu einem der Ernte entsprechenden Preise beschaffen, während die Zwetschgenernte total fehlgeschlagen ist und der Bedarf theils aus Bayern, theils aus Norddeutschland befriedigt werden mußte.

Die Preise für Brennkirschen bewegten sich zwischen M. 18 und 22 und diejenigen für Zwetschgen zwischen M. 9 und 12 pro 100 kg. Die Qualität der beiden Gattungen war nach dem Brennergebniß zufriedenstellend.

Von dem Ausschusse des badischen Zweigvereins deutscher Branntweinbrenner und Liqueurfabrikanten war im Mai 1883 an den Bundesrath eine Petition um zollfreie Zulassung ausländischer Weine in denaturirtem Zustande behufs Verarbeitung auf Cognac gerichtet worden, die wir auf Ersuchen dem Großherzoglichen Ministerium der Finanzen zur Berücksichtigung empfahlen. An die Gewährung dieser Bitte knüpften die Petenten, worunter auch unsere Interessenten, die Hoffnung, mit Erfolg sich auf die Cognacfabrikation werfen und den Kampf mit der außerdeutschen Konkurrenz aufnehmen zu können. Es ist jedoch weder dieser Petition noch einer zweiten von dem genannten Verein an das Reichsschatzamt gerichteten in Bezug auf die zollfreie Zulassung ausländischer denaturirter Weine stattgegeben und nur, was die Petenten ebenfalls anstrebten, der Eingangszoll auf Cognac von M. 48 auf M. 80 per 100 kg erhöht worden. Damit allein ist aber unseren Interessenten, die zur Cognacbearbeitung, wenn sie dieselbe wirklich mit Erfolg betreiben wollen, der südländischen Weine absolut nicht entbehren können, leider nicht gedient.

Der Absatz von Preßhefe im Inlande ist gut geblieben und ein weiterer Rückgang der Preise nicht zu verzeichnen. Wenn dennoch das Rendement ein schlechteres geworden ist, so liegt die

Schuld an den niedrigen Spritpreisen. Preßhefe und Sprit stehen bekanntlich in Wechselbeziehung zu einander.

Essigsprit. Die Lage des Essigspritgeschäfts ist eine trostlose; die Preise sind fabelhaft niedrige und der früher so blühende Export fast gleich Null. Wenn nicht bald eine Besserung eintritt, werden sich die Fabrikanten zu einer Beschränkung ihrer Betriebe entschließen müssen, dem einzigen Mittel, gesündere Zustände zu schaffen.

Tabak und Cigarren. Der Tabakindustrie hat auch das Jahr 1884 die so sehnlich gewünschte Besserung nicht gebracht. Der Raucher kann sich eben, und besonders bei den billigen Rauchtabaken, durchaus nicht an die höheren Preise gewöhnen, drückt in Folge dessen auf den Detaillisten und dieser wieder auf den Fabrikanten, so daß weder der eine noch der andere mit einem nennenswerthen Nutzen arbeiten kann. Zudem fehlen für die Schneidefabrikation die billigeren überseeischen Tabake ganz. Das Material für Kautabak ist enorm im Preise gestiegen, während — Dank der Konkurrenz — das Fabrikat jetzt billiger verkauft wird als vor der Zollerhöhung.

Von den Cigarrenfabrikanten kann das Gesammtresultat des Geschäftsbetriebs im Jahre 1884 nicht als schlecht, aber auch keineswegs als erfreulich bezeichnet werden. Der Markt zeigte sich für ihr Produkt ziemlich aufnahmsfähig, aber freilich leider nur zu Preisen, die einen lukrativen Betrieb ausschließen. Die enorm niedrigen Preise, die speziell für billigeres Fabrikat jetzt bezahlt werden, beruhen nur auf der übermäßiges Angebot verursachenden Ueberprodukton. Die Lager bei den Fabrikanten sind sehr groß und mancher gibt ab, ohne zu verdienen, nur um das Lager zu reduziren oder um sich Betriebsmittel zu beschaffen. Auf den Auktionen werden große Mengen von Cigarren von Detaillisten und Grossisten zu Schleuderpreisen gekauft, die nicht einmal die Beschaffung des Tabaks, viel weniger aber Arbeitslohn, Packung u. s. w. decken. Soweit es sich um eingeführte Marken handelt, die der Cigarrenhändler haben muß, weil der Raucher sie begehrt, war das Geschäft eher befriedigend, da bei diesen Sorten nach einer entsprechenden Kalkulation verkauft wird und das Produkt nicht unter die Bezeichnung Marktwaare fällt.

Von überseeischem Material spielt jetzt Sumatra als Decker die Hauptrolle. Die Vorräthe von gutbrennenden und reinschmeckenden Sumatra- und auch Java-Decktabaken sind aber im Schwinden begriffen und vorerst gar nicht zu ersetzen. Der im vergangenen Jahre an den Markt gebrachte Sumatra war qualitativ nicht entsprechend und noch viel weniger in Bezug auf die Farbe. Der letzte Umstand machte den Fabrikanten viel Kopfzerbrechen, denn bei dem billigeren Fabrikate ist jetzt die erste Bedingung ein schönes Aussehen. Billiges Deckblatt zu erhalten, war sehr schwierig und zwar um so mehr, als Java eine Mißernte hatte. Die überseeischen Um- und Einlagetabake waren bis zum Herbste zu mäßigen Preisen zu beschaffen; seitdem gingen die letzteren beständig in die Höhe.

Was unser einheimisches Gewächs betrifft, so entwickelte sich dasselbe im Jahre 1883 in qualitativer Beziehung besser, als man erwartet hatte. Bedauerlicher Weise erfolgte die Abhängung der Ernte dieses Jahrgangs, und zwar auch in den Haarblorten, in nassem Zustande. Damit erzielte zwar auf der einen Seite der Produzent ein für ihn günstiges Gewicht, auf der anderen Seite aber erwuchs daraus dem Käufer ein bedeutender Schaden.

Es ist sehr zu beklagen, daß im Allgemeinen der Tabakpflanzer nur so lange für den Tabak besorgt ist, als der letztere auf dem Felde steht, und nach Verbringung desselben unter Dach seine Sorgfalt aufhört. Von den Orten, wo man einer rühmlichen Ausnahme von dieser Regel begegnet, sei hier speziell Friedrichsthal genannt, wo der Tabak auch noch im Hause mit Sorgfalt gepflegt wird.

Die 1884er Ernte wurde zur Zeit des Einkaufs als nicht geeignet zur Fabrikation von Cigarren gehalten. Darin liegt auch das Hauptmoment, warum für das Produkt dieses Jahrganges kein für den Pflanzer lohnender Preis zu erzielen war. Zu dem außerordentlich niedrigen Preisstande trug ferner bei, daß die Industrie noch altes und brauchbares Rohmaterial in Vorrath hat, sowie die in diesem Handelsgewächs eingetretene, ganz erhebliche Ueberproduktion. Der Tabakbau wird immer weiter ausgedehnt; in Ortschaften und Landstrichen, in denen früher nie Tabak gebaut wurde, wird der Tabakbau eingeführt, ohne

Rücksicht darauf, ob sich der Boden dazu eignet oder nicht, ob man die Behandlung desselben versteht oder nicht.

Wenn der Behandlung des Tabaks von Seiten des Pflanzers nicht mehr Sorgfalt als bisher zugewendet, wenn die Produktion des Rohmaterials nicht der Aufnahmsfähigkeit der Industrie und des ausländischen Marktes angepaßt wird, kann der Tabakbau nicht wohl lukrativ betrieben werden.

In verschiedenen Kreisen erblickt man in den mehr erwähnten niederen Preisen sogar eine heilsame Reaktion, weil in den vorhergehenden Jahren auch die minderwerthigen Produkte sehr hoch bezahlt worden seien.

Die endlich gewährte, volle Ausfuhrvergütung wurde von den Tabak- und Cigarrenfabrikanten, sowie von den Tabakhändlern freudig begrüßt. Man knüpft hieran zwar die besten Hoffnungen, bezweifelt aber sehr, ob dieselben voll und ganz in Erfüllung gehen werden. Es wird sehr schwierig werden und der größten Anstrengungen unserer Industriellen bedürfen, um die früher innegehabten, in der Zwischenzeit verloren gegangenen ausländischen Absatzgebiete, wo sich unterdessen besonders die Belgier und Holländer festgesetzt haben, ganz oder auch nur theilweise wieder zu gewinnen.

Die in der Presse neuerdings mehrfach in Anregung gebrachte Zollerhöhung auf ausländischen Tabak, die den einheimischen Tabakpflanzern ein sicheres und gutes Erträgniß aus ihrem Produkt sichern soll, wird von unseren Interessenten mit Entschiedenheit bekämpft. Nach ihren Ausführungen würde dieselbe erstens die kaum zur Ruhe gekommene und noch schwer leidende Industrie sowie den Handel, welche des ausländischen Materials absolut nicht entbehren können, schädigen; ferner würde sie ungerechtfertigt sein, da in den früheren Jahren der Pfälzer Tabak immer sehr gut, ja so gut bezahlt worden sei, daß die Händler Unsummen daran verloren hätten und noch verlieren; endlich würde sie eine weitere ungesunde Steigerung des inländischen Tabakbaues und damit zugleich eine Verminderung des Preises der Tabake zur Folge haben und deßhalb nicht einmal dem Produzenten zum Vortheil gereichen.

10. Baugewerbe und Möbelgeschäft.

Beide Betriebsbranchen zeigten in der Berichtsperiode einen durchaus normalen Charakter. In der Residenz war es vorzugsweise wieder die Privatbaulust, welche dem gesammten Baugewerbe ein baubares Thätigkeitsfeld eröffnete, und da der Wetteifer in Bezug auf die Herstellung reicher und geschmackvoller Façaden aus dem soliden Steinmateriale des Murg- und Pfinzthales, wie an dieser Stelle in früheren Berichten bereits erwähnt worden, noch immer nicht erkaltet ist, so erhebt sich denn auch das Geleistete durchweg zu jenem Grade der Gediegenheit, welche den ausführenden Bauhandwerkern ebenso wie den Planfertigern das vortheilhafteste Zeugniß ausstellt und die Physiognomie der Stadt mehr und mehr zu einer gefälligen und interessanten umgestaltet. Wenn man dabei seitens der städtischen Behörden bestrebt ist, dem Um- und Ausbau im eigentlichen Stadtinnern, der Erweiterung über das Weichbild gegenüber, jede mögliche Förderung und Unterstützung angedeihen zu lassen, so handelt man wohl nur im Interesse der Umlagezahler; hat doch die badische Haupt- und Residenzstadt im Augenblick bereits über 40 Kilometer an, meist breiten, Stadtstraßen mit Gas- und Wasserleitungen, Entwässerungsanlagen und dgl. zu unterhalten, während z. B. Stuttgart mit mehr als der doppelten Einwohnerzahl nur etwas über 49 Kilometer an durchweg schmäleren Straßen zu versorgen hat. Gleichwohl äußert sich diese zentrifugale Neigung bei Baulustigen und Unternehmern immer und immer wieder, indem sie dieselben sogar auf Nachbargemarkungen hinüberdrängt, eine Thatsache, welche die Stadtgemeinde denn doch von Zeit zu Zeit vor die in der Regel verwickelte Frage der Erweiterung der städtischen Gemarkung stellt; so haben Beiertheim, Rüppurr, Rintheim, die Haardtgemeinden und die Großherzogliche Hofdomäne nach und nach Länderei-Komplexe an die Stadt abgegeben und Mühlburg ist im besten Zuge, sich mit Haus und Hof als Vorstadt an die Landeshauptstadt anzuschließen. Vorzugsweise entfaltet hat sich die Privatbauthätigkeit in dem erst 1881 eröffneten sogenannten Haardtwaldstadtheile, einem Gebiet von ca. 180 Hektaren, auf welchem sich fast aus-

nahmslos reiche Private angesiedelt haben — die Fläche ist heute
bis auf wenige Plätze überbaut —; sodann im Bahnhofstadttheil,
wo die im städtischen Bebauungsplane von 1857 vorgesehenen
Straßen jetzt gleichfalls alle geöffnet und größtentheils bereits
besiedelt sind, sowie auf dem alligmirten Gelände an der Gartenstraße bis hinaus zu den Geleisen der Maxauer und Rheinthal-
Bahn, ferner auf dem ehemaligen markgräflichen Palaisgarten
gegenüber dem Hauptbahnhofe, wo in kurzer Zeit prächtige Gast-
und Privathäuser entstanden sind, und endlich auf dem Areal vor
dem ehemaligen Durlacherthor, welches im letzten Jahre der Bau-
thätigkeit übergeben worden ist; auch in der Kriegs- und Westend-
straße wurden, bis auf wenige, die Lücken geschlossen. Und schon
richtet sich der Blick der Unternehmung wieder auf neue Bebauungs-
gebiete. Behufs Anlage eines neuen Schlachthauses mit Fettvieh-
markt, sowie eines neuen Gaswerkes hat die Stadtgemeinde ein
umfangreiches Gelände (von zusammen 189.049 Hektaren) ostwärts
von Gottesau zum Preise von M. 237 058 in Eigenthum erworben.
Die Anlage eines eigentlichen Fabrikdistriktes im Osten der
Stadt, in unmittelbarster Nähe der Hauptbahngeleise, des Güter-
bahnhofs, der neuen Gaswerkfiliale und nicht weit vom Wasserwerke, dürfte einem längst empfundenen Bedürfnisse in durchaus
zweckentsprechender Weise entgegenkommen. Die Gemeinde voll-
endete in der abgelaufenen Periode die erste große Hälfte des umfangreichen Kanalisationswerkes, die Tieferlegung des Landgrabens
auf seine ganze Länge vom Güterbahnhofe ab durch die Stadt
bis nach Mühlburg; als eine Leistung von hohem technischen
Interesse erscheint hier die überwölbte Strecke durch die Stadt
von etwa ³/₄ Wegstunden Länge, ein Tunnel von durchweg 5,20
Meter Weite und 3,50 Meter Höhe, auf dessen Sohle in 1,75
Meter breiten, 1 Meter tiefen halbkreisförmigem Gerinne mit
einer Geschwindigkeit von 0,96 per Sekunde der Landgraben fließt.
Dieser Tunnel bildet den Hauptsammler für einen südlichen und
einen nördlichen Entwässerungsbezirk, in welch' beiden nunmehr die
Herstellung der Dohlen mit Lebhaftigkeit betrieben wird. Von größeren Hochbauten wurde das Schulhaus in der Gartenstraße mit
einem Aufwand von ca. M. 330 000 (einschließl. Platz) voll-

endet. Von ärarischen Bauten ist auch diesmal nicht viel zu sagen. Der Umbau des Aufnahmsgebäudes im Hauptbahnhof, sowie der Neubau einer Erweiterung der Zentralwerkstätte wurden vollzogen und ein Bahnpostgebäude mit einem Aufwand von M. 70 000 in Angriff genommen. Das Baugewerbe der Hauptstadt war sonach mit unwesentlichen Ausnahmen auf die Privatbauthätigkeit allein angewiesen. Ihr gehören im Augenblick etwa 20 größere Bauunternehmer, 12 selbstständige Maurer, ebensoviel Bild- und Steinhauer, gleichviel größere Zimmergeschäfte, gegen 60 Schlosser und gegen 50 Blechner an mit im Ganzen etwa 300 Gesellen und Lehrlingen.

Auch das Möbelgeschäft hatte im Allgemeinen in der abgelaufenen Periode ziemlich befriedigende Resultate aufzuweisen. Die Pflege der Stylfrage seitens unserer Schulen hat Vorbilder zu Tage gefördert, welche geeignet waren, die einschlägigen Industrien, was insbesondere die Anfertigung betrifft, schon in Athem zu halten, die aber andererseits auch wieder unsere Geschäfte befähigten, mit den ersten gleichartigen Etablissements im In- und Auslande in erfolgreiche Konkurrenz zu treten. Die Karlsruher Möbelindustrie hat den Beweis erbracht, daß es möglich ist, ein im Uebrigen für das Schöne empfängliche Publikum geschmacklich zu erziehen; in den weitesten Kreisen der hiesigen Bevölkerung begegnet man heute einem gewissen Verständniß für die schöne Form, d. h. für „Styl", und die Freude daran. Sie hat sich ferner, Dank ihren gediegenen Leistungen nach und nach ein recht umfangreiches Absatzgebiet zu erringen gewußt, das seine Verbindungen selbst bis ins ferne Ausland erstreckt. Wir besitzen in der Landeshauptstadt im Augenblick gegen 40 selbstständige Bauund Möbelschreinereien, darunter etwa 18 größere Geschäfte zum Theil mit Fabrik-, d. h. mit Dampfbetrieb, wozu auch das gedeihlich fortschreitende Unternehmen der „Karlsruher Schreinergenossenschaft", Möbelmagazin mit Verkaufsstelle, zu rechnen sein dürfte, ferner gegen 20 Tapeziere und Dekorateure.

11. Handelsgewerbe.

Der Handel mit Vieh war auch im letzten Jahre flau und Thiere

gedrückt; die Preise waren im Allgemeinen etwas rückgängig; nur
bei größerem Umsatze ließ sich mit Mühe und Noth einigermaßen
eine Rentabilität erzielen. Eine Aenderung in Bezug auf die
Ankaufs- und Absatzgebiete ist nicht eingetreten. Die Landwirthe
unseres Bezirks waren wegen der hie und da aufgetretenen Klauenseuche im Einkauf wiederum sehr zurückhaltend. Bezüglich der
Grenzsperre gegen Oesterreich ist das bereits früher Gesagte zu
wiederholen (vgl. unsere Jahresberichte für 1880 S. 36 und 37
und für 1882 S. 35 und 36). Mit den veterinärpolizeilichen
Bestimmungen, nach denen Viehhändler, welche in Ausübung ihres
Gewerbebetriebs Rindvieh aus einer Gemarkung in eine andere
verbringen lassen, den Führer mit einem Zeugniß über den seuchen-
freien Zustand der zu transportirenden Thiere versehen müssen und
nach welchen diese Gesundheitszeugnisse nur 5 Tage giltig sind,
vermag sich der Viehhandel nicht zu befreunden. Er fühlt sich
dadurch sehr in seinem geschäftlichen Verkehr gehindert, was um
so mehr in's Gewicht falle, wenn von einem Thierarzt oder Fleisch-
beschauer irrthümlich ein Stück Vieh als der Maul- oder
Klauenseuche verdächtig bezeichnet werde. In der für das erforderliche Zeugniß zu entrichtenden Gebühr aber erblickt er eine
seinen ohnehin geringen Verdienst noch weiter schmälernde indirekte
Besteuerung.

Getreide. Ein ungewöhnlich milder Winter begünstigte die Entwickelung
der Wintersaaten und auch die Einsaat der Sommerfrüchte ging
gut von statten. Die Witterung blieb der Weiterentwickelung der
jungen Saaten günstig bis Ende Mai bezw. Anfang Juni, wo
nasses, kaltes Wetter eintrat, das hauptsächlich dem Roggen, der
gerade in der Blüthe stand, beträchtlichen Schaden zufügte. Im
Juli und August war sehr heißes Wetter, in Folge dessen die
Reife der Saaten früher als gewöhnlich vor sich ging. Während
des Einheimsens der Ernte hatten nur einige Gegenden Regentage,
so daß die Einbringung der Früchte, die von einer vorzüglichen
Qualität und ziemlich guter Quantität waren, im Allgemeinen
unter günstigen Verhältnissen zu bewerkstelligen war.

Die großen Weizenvorräthe, die man vom Jahre 1883

mit herübernahm, sowie die großen und billigen Angebote von
Rußland ließen das Geschäft in diesem Artikel zu keiner Besserung
gelangen und wurde die ersten neun Monate des Jahres, trotz des
großen Konsums, mit Verlust verkauft. Erst im letzten Viertel
des Jahres, als einerseits anläßlich der erstrebten Zollerhöhungen
eine riesige Nachfrage eintrat, während andererseits der geringe
Wasserstand die Fracht vertheuerte und schließlich die Schiffszufuhr
ganz unmöglich machte, gingen die Preise wieder ziemlich in die
Höhe und konnten in Folge dessen die Lagerbestände mit Nutzen
abgesetzt werden.

Roggen blieb sich während der ganzen Saison so ziemlich
gleich im Preise. In Folge der schlechten Blüthezeit wurde das
Korn des Roggens mager und mußte deßhalb zum Bezug von
ausländischem Roggen übergegangen werden. Der Bedarf wurde
vom hiesigen Platze hauptsächlich in Frankreich und Rußland, von
Bruchsal in Frankreich und Belgien gedeckt. Der Verkehr gestaltete sich in Folge der geplanten Zollerhöhungen auch in diesem
Artikel zu einem sehr umfangreichen und wurden größere Quantitäten als sonst gehandelt. Am hiesigen Platze betrug der Umsatz
ca. 40 000 Sack gegen 25 000 Sack im Vorjahre.

Spelzkernen waren in Folge des guten Einbringens der
Ernte von sehr guter Qualität und wurden von den Müllern gern
gekauft, da sie mit hartem, russischem Weizen vermischt, ein sehr
schönes Mehl lieferten. Der Preis der Kernen war am Anfang
der Ernte, also im Monat September, M. 18.50; in Folge der
niederen Weizenpreise mußten auch die Kernen im Preise zurück-
gehen und büßten dieselben bis Ende Dezember nahezu M. 2 ein.
Erst im Januar d. J. konnte sich der Preis wieder erholen.

Hafer wurde in Bruchsal gleich nach der Ernte mit M. 14
per 100 kg bezahlt. Als sich jedoch die Ueberzeugung Bahn
brach, daß zu diesem Preise eine Ausfuhr nicht zu ermöglichen
und außerdem die Proviantämter mit dem Einkaufe zurückhielten,
ging der Preis auf M. 13 zurück. Erst im Januar d. J. stei-
gerte sich die Nachfrage und als das Elsaß und der Niederrhein
als Käufer auftraten, hob sich der Preis rasch. Am hiesigen
Platze ist das Hafergeschäft immer ziemlich das gleiche. Der Be-

darf wurde in der hiesigen Umgegend, im badischen Odenwald und in Württemberg gedeckt. Umgesetzt wurden hier ca. 30 000 Sack.

Gerste wurde, soweit solche nach von der 1883er Ernte vorräthig war, am Anfang des Jahres zu erheblich hohem Preise bezahlt. Dasselbe fand gleich nach der Ernte bezüglich der neuen 1884er Frucht statt. In Folge des starken Angebots aber von Seiten der Landwirthe, die, durch den hohen Preis veranlaßt, ihre Gerste zuerst ausdraschen, gingen die Preise in Bruchsal von M. 17 im August auf M. 15.75 im September zurück. Dieser niedere Preisstand hielt jedoch nicht lange an. Nachdem sich unsere Brauereien von der ausgezeichneten Qualität unserer inländischen Gerste überzeugt hatten, befriedigten sie ihren Bedarf zunächst in dieser und erholten sich die Preise in Folge dessen rasch wieder. Die einheimische Gerste genügte jedoch auf die Dauer dem Bedarf nicht. Bruchsal und Karlsruhe deckten den letzteren in Ungarn und dem Elsaß, Bruchsal außerdem in Frankreich und am Schlusse des Jahres in dem Breisgau, was seit den 60er Jahren nicht mehr der Fall gewesen sein soll. Es waren ganz beträchtliche Quantitäten, die aus Ungarn und besonders dem Elsaß bezogen wurden. Am hiesigen Platze dehnt sich das Geschäft in diesem Artikel von Jahr zu Jahr weiter aus und wurden im Berichts- jahre ca. 140 000 Sack gegen 130 000 Sack im Jahre 1883 umgesetzt. Der Umsatz in Bruchsal wird auf 120 000 Meterzentner im Werthe von M. 2 100 000 veranschlagt.

Die Nachfrage nach Malz war in Folge der frühzeitig ein- getretenen sommerlichen Witterung eine sehr rege und konnten die Vorräthe gut abgesetzt werden. Da die Bierbrauer sich frühzeitig mit Eis zu versehen vermochten und in Folge dessen der Bierbe- reitung nichts mehr im Wege lag, hielt auch die Nachfrage mit steigenden Preisen weiter an, so daß gegen Schluß des Jahres eine Preiserhöhung von M. 2 per 100 kg gegen vorher einge- treten war. Am hiesigen Platze beziffert sich der Umsatz auf ca. 35 000 Sack gegen 25 000 Sack im Vorjahre; in Bruchsal dürfte er, wie schon erwähnt, annähernd 40 000 bis 45 000 Meter- zentner im Werthe von M. 120 000 betragen haben (vgl. auch S. 61).

Mit Beginn des Jahres wurden die Kartoffelvorräthe knapp und zu theuer für Brennereizwecke, weßhalb man in den Brennereien hauptsächlich wieder Mais verarbeitete und blieb dieser Artikel das ganze Jahr hindurch anhaltend gefragt. Der Bedarf an Mais wurde aus Südamerika und den Donauländern gedeckt. Der Umsatz am hiesigen Platze in dem Artikel belief sich auf ca. 25 000 Sack gegen 20 000 Sack im Jahre 1883.

Der Hopfen-Preis von M. 180 per 50 kg für das 1883er Gewächs blieb bis zum Beginn der 1884er Ernte ohne wesentliche Schwankung. Das Geschäft selbst war bis dahin nahezu leblos. Das 1884er Gewächs war an Qualität nicht gerade so gut, wie das des vorhergehenden Jahres, immerhin aber ziemlich befriedigend. Bezüglich der Menge war das Erträgniß etwas mehr als eine Durchschnittsernte und so konnten sich die zu Beginn der Ernte etwas zu hoch bezahlten Preise nicht halten und gingen bis Ende Dezember um etwa 30 % zurück, so daß man in Bruchsal, wo man stets Vorrath hatte, mit Verlust arbeitete. Der Umsatz in Bruchsal wird auf 1 400 000 kg im Werthe von M. 3 500 000 geschätzt.

Hopfen.

Im Holzhandel war der Geschäftsgang ein mittelmäßiger.

Holz.

Von einem außerhalb Karlsruhe gelegenen Großgeschäfte in Holz wird uns hierüber ungefähr Folgendes geschrieben:

„Auch im abgelaufenen Jahre haben sich die Geschäfte nicht gebessert; die Nachfrage in's Ausland (Belgien und Frankreich) hat nachgelassen; auch sind die Preise zurückgegangen.

Im Inland sind die Preise ebenfalls etwas heruntergegangen, was wir hauptsächlich dem Umstande zuschreiben, daß in neuerer Zeit namentlich größere Geschäfte und Verwaltungen vielfach ausländisches Holz beziehen, während der Bedarf im Inland ganz gut gedeckt werden könnte.

Ein großer Mißstand ist in der Handhabung des Submissionswesens zu erblicken, indem beim Zuschlag einer Lieferung eben nur die billigsten Offerten berücksichtigt werden. Dadurch ist der reelle Geschäftsmann vollständig an die Wand gedrückt. Will man eine Lieferung erhalten, so muß man so billig submittiren, daß

kein Nutzen mehr bleibt, denn die Lieferungsbedingungen sind
gewöhnlich sehr scharf und werden auch eingehalten; verlangt man
mehr, so wird man unterboten und dann kann man das Geschäft
schließen.

Während die Preise für Schnittwaaren immer mehr heruntergehen, behaupten die Rohholzpreise die frühere Höhe, ja sie werden
sogar zum Theil noch weiter hinauf getrieben."

Ueber den Holzhandel am hiesigen Platze ist das Nachstehende
zu berichten:

„Im Vergleich mit den früheren Jahren kann der Geschäftsgang im Jahre 1884 als ein mittelmäßiger bezeichnet werden.
Die Preise waren im Allgemeinen nicht viel verändert; im Einkauf eher etwas höher, zeigten sie dagegen im Verkauf nicht die
kleinste Besserung. Eine namentlich drückende Konkurrenz für den
hiesigen Platz sind die vielen meist kleineren Produzenten und
Händler aus dem benachbarten württembergischen Oberamte Neuen-
bürg, welche ihre Waare durch das Albthal per Fuhre hierher
bringen und — vielfach ohne kaufmännische Berechnung arbeitend —
namentlich die Preise des tannenen Bauholzes auf einem so niederen
Stande halten, daß nicht nur dem hiesigen Holzhäubler ein Geschäft
hierin beinahe zur Unmöglichkeit geworden, sondern auch den nächst-
gelegenen größeren Holzschneidewerken, die an anderen Plätzen
bedeutend besseren Absatz finden. Ein ebenso empfindlicher Nachtheil für das Holzgeschäft sind die mit ihren Holzwaaren — insbesondere geringeren Brettern — meist in den Landorten des Bezirks
Hausirenfahrenden, die bei dem nicht leicht vorzunehmenden Rück-
transport ihrer Waaren oft gezwungen sind, solche zu Schleuderpreisen loszuschlagen. Diese Art von Geschäften mag in früheren
Jahren eine wohlberechtigte und rentable gewesen sein; wenn dieselbe auch durch die Erschließung der holzreichen Gegenden mittelst
der Bahnen und die entstandenen Platzgeschäfte mehr und mehr
nachlassen wird, so dürfte sie doch noch geraume Zeit schädigend
auf das solide Geschäft einwirken.

So war der Verlauf in geringerer Waare ein sehr schwieriger;
eher zufriedenstellend gestaltete sich derselbe in guten Mittelsorten,
während bei den ersten Sorten in Folge der strengen Vorschrift

der Bautechniker die Ansprüche an die Qualität immer größere
wurden, ohne daß der Preis entsprechend Schritt gehalten hätte.
Es konnte wiederholt konstatirt werden, daß die Holzhandlungen
in Frankfurt a. M., Wiesbaden u. s. w. für Waare erster Qualität
an der Säge gern Preise anlegten, die man hier im Detail für
die gleiche Qualität nicht zu erzielen vermochte. Nur eine höhere
Bezahlung der feineren Arbeiten kann hier Besserung bringen.

Von den weiteren, in zweiter Reihe in Betracht kommenden
Hölzern seien noch Forlen und Eichen erwähnt. Karlsruhe deckt
seinen Bedarf in diesen Hölzern hauptsächlich aus dem Haardtwalde.
Die Konsumenten ersteigern in der Regel die Stämme selbst und lassen
sie in den hiesigen und nahe gelegenen Sägen schneiden. Die Preise
in diesen Holzarten hielten sich fest, namentlich in den wegen ihrer
Zartheit beliebten Haardtwaldeichen, von welchen die schönen Stämme
sowohl seitens hiesiger Fabrikanten zur eigenen Verwendung, wie
seitens größerer Holzsägewerke in den Reichslanden zum Export nach
Frankreich zu einem Preise bezahlt werden, der für den hiesigen
Handel zu hoch ist, während die Stämme von geringer Qualität
nicht für den Handel taugen."

Das Eisengeschäft war während des Jahres 1884 zwar
stabiler als in der vorausgegangenen Periode, weil die Preis-
schwankungen geringer blieben, aber doch nicht günstig zu nennen.

Mit einer kleinen Baisse einsetzend brachte der Februar eine
Besserung und einen Preisstand, der sich bis gegen Ende des Jahres
behaupten konnte; eine kleine Erhöhung, die die Werke im Mai
eintreten ließen, konnte nur partiell durchgeführt werden.

Für das sonstige Metallgeschäft war die Lage ungünstig, da
die Preise während der ganzen Berichtsperiode rückgängig waren
und neben den übrigen Nachtheilen aus einer stets weichenden
Preistendenz Lagerverluste nicht ausblieben.

Die Preisbewegungen waren etwa folgende:

Walzeisen und Tragbalken gingen im Januar um 20 Pf. pro
100 kg zurück und stiegen im Februar und Mai um je 40 Pf.
pro 100 kg; doch konnte die letzte Erhöhung nicht vollständig
durchschlagen und ging im Spätjahr wieder verloren.

Eisen.

Eisenbleche setzten mit ca. M. 18.50 pro 100 kg an und schlossen mit ca. M. 17.50 pro 100 kg.

Weißbleche behaupteten ihren Preisstand während des ganzen Jahres.

Aehnliches gilt von Drahtstiften und Draht; dagegen erlitten die übrigen Eisenkurzwaaren meist kleine Einbußen.

Gußwaaren hielten ihren Preis nahezu aufrecht.

Tafelzink erfuhr einen Rückgang von M. 2.50 pro 100 kg, also um ca. 6 %.

Blei- und Bleifabrikate erlitten einen Preisrückgang von ca. 5 %.

Bankazinn gab während des Jahres successive um ca. M. 15 pro 100 kg, also um ca. 9 %, nach.

Kupfer litt am stärksten, indem hier die Differenz zwischen den Anfangs- und Schlußpreisen ca. M. 17 pro 100 kg betrug.

Kolonialwaaren.

Der Kolonialwaarenhandel wird das Jahr 1884 stets zu seinen schlechtesten zählen.

Die beiden Hauptartikel, Kaffee und Zucker, verfolgten fast das ganze Jahr hindurch eine weichende Tendenz, die bei dem letzteren in förmliche Panik ausartete und am Ende des Jahres einen Werthstand schuf, welcher, weil unter den Produktionskosten stehend, die beklagenswerthesten Folgen in der Zuckerindustrie nach sich zog.

Kaffee war im Jahre 1883 bekanntlich durch große Spekulationsläufe bis auf 35¼ Cents für gut ordinären Java getrieben worden, weil man einen bedeutenden Ausfall an der Brasil-Ernte ziemlich allgemein für wahrscheinlich hielt. Diese Annahme sollte durch eine Abnahme der täglichen Anfuhren in Rio und Santos aus dem Inneren Bestätigung erhalten; indessen trat das auf Anfang 1884 erwartete Defizit in der Versorgung bei den Hauptstapelplätzen nicht ein. In den ersten Tagen des Januar versuchte man durch umfangreiche Spekulationsläufe den Werth des Artikels weiter zu erhöhen, was auch vorübergehend gelang, indem kurze Zeit gut ordinärer Java auf 36½ Cents stieg; doch wurde dieser Preis nicht für Bedarf bewilligt, nur die Spekulation

legte denselben an. So kam es, daß schon Mitte Januar ein
Ruhepunkt eintrat, der trotz wiederholter Anläufe seitens der
Hausse-Konsortien vorläufig ein langsames Abbröckeln der Preise
zur Folge hatte und die Januar-Auktion lief in Holland zu 35
Cents für gut ordinären Java ab.

Im Monat März fanden in New-York mehrere Zwangsver-
läufe großer Partien Brasil-Kaffee statt, was bei der ohnehin gedrückten Stimmung ein sehr erhebliches Fallen der Preise verursachte. In Havre fielen dieselben in kürzester Zeit um ca. Frcs. 10
pro 50 kg und in Holland brachte die Auktion vom 7. April
nur ca. 29 Cents für gut ordinär auf, während diejenige vom
27. Februar noch 32½ Cents bedungen hatte.

Von da bis zum Hochsommer erfuhr der Werth des Artikels
wenig Veränderung, im Juli dagegen wurden in Havre sehr beträchtliche Quantitäten für Spekulationsrechnung verkauft, was
von neuem einen bedeutenden Druck auf die Preise ausübte, die
auf ca. 27½ Cents wichen. Der Oktober endlich sah den billigsten Jahreswerth mit 26½ Cents, welcher, da gleichzeitig die
europäischen Vorräthe sich etwas zu vermindern anfingen, die
Spekulationslust erwedte. Diese wurde noch weiter angeregt durch die
Nachricht, daß die nächste Rio-Ernte starken Schaden gelitten habe.
Allgemein wünschte man, sich noch zu den niedrigen Preisen zu
versehen, da im Falle der Bestätigung der kleinen Ernte eine größere Besserung sicher war. Durch die vielseitigen Nachfragen erfuhren die Preise in kürzester Zeit eine Erhöhung von 3—4 Cents,
welcher aber schon vor Ende November die Abschwächung auf dem
Fuße folgte. Das Jahr schließt in ruhiger Stimmung mit ca.
29 Cents gegen 35½ Cents aur Anfang und 26 Cents im billigsten Monat.

Unterwirft man die Bewegungen des Artikels seit Spätjahr
1883 einer näheren Prüfung, so findet man, daß dieselben künst-
licher Natur waren. Mangel an Kaffee bestand zu keiner Zeit.
Allerdings wurde prophezeit, daß die Versorgung seitens des
Hauptproduktionslandes, Brasilien, durch ein schlechtes Erntejahr
in 1884 nicht so reichlich als gewöhnlich ausfallen würde. Sofort
wurde diese Nachricht aufgegriffen, bistontirt und die Preise auf

ein Niveau getrieben, als ob man bereits mit Thatsachen rechnen
könne. Nachher bestätigte sich die Ernte-Schätzung nicht und die
Folge war der klägliche Ausgang von Unternehmungen, welche
großartig angelegt waren.

Trotz der schlechten Erfahrungen, welche man mit der vorjährigen Ernte-Schätzung gemacht hatte, verbreitete man, wie
vorerwähnt, neuerdings Gerüchte von einem Ausfall an der laufenden Rio-Ernte und finden dieselben auch bei den zuverlässigsten
Häusern in Brasilien bis zu einem gewissen Grade Glauben. Ob
sie sich bewahrheiten werden, bleibt freilich abzuwarten.

Bedauerlich ist nur, daß der legitime Handel unter diesen
fortwährenden gewaltsamen Eingriffen in den naturgemäßen Gang
des Artikels leiden muß, denn die Spekulation kann die Preise
wohl für kurze Zeit in die Höhe treiben, aber nicht dauernd auf
dieser Basis erhalten, wenn nicht die Vorräthe, der Verbrauch und
die Produktion im Einklang damit stehen.

Der Artikel Zucker schloß Ende 1883 mit Preisen von
ca. M. 70 pro 100 kg für raffinirte Brode, was ca. M. 3 unter dem niedrigsten Werthstande war, den man bis dahin überhaupt gekannt hatte. Damals hielt man eine große weitere Er-
niedrigung für unwahrscheinlich, sicher aber hatte Niemand daran
gedacht, daß zu Ende des Jahres 1884 die Preise auf nahezu
M. 50 stehen würden.

Die Zeit vom Januar bis zum Oktober, dem Beginn der
neuen Campagne, kann man als eine fast ununterbrochene Periode
des Rückgangs bezeichnen. Freilich kamen wiederholt Momente
des Aufflackerns, z. B. bei M. 68, M. 66 und M. 64, aber von
längerer Dauer waren dieselben nie, und das immer dringender
hervortretende Angebot ließ damals keinen bleibenden Stillstand
in der Baisse aufkommen. Erst im Hochsommer, als man auf
ca. M. 62 angelangt war, konnte sich der Werth etwas länger
behaupten, da sich die Raffinerien eines ganz bedeutenden Exports
ihrer Brode nach Frankreich zu erfreuen hatten. Sobald indessen
der Abzug nach dieser Seite aufhörte, erhielt auch wieder die flaue
Stimmung die Oberhand, denn man stand vor einer Rüben-Ernte,
die noch größer war als die vorhergehende; die Spekulation war

nach den vorausgegangenen Verlusten gänzlich eingeschüchtert, ebenso der Konsum, welcher seinen Bedarf jeweils nur für ein paar Tage deckte.

Unter solchen Umständen war es nicht zu verwundern, daß die Preise bis Anfang Oktober auf ca. M. 58 gewichen waren, während gleichzeitig Novemberlieferung schon zu M. 56 und November-Januarlieferung zu M. 55—54 käuflich war.

Da verbreitete sich plötzlich die Nachricht, daß alle Zuckerfabriken Deutschlands in der zweiten Oktober-Hälfte Delegirte nach Berlin senden würden, um daselbst gemeinschaftlich zu berathen, auf welche Weise einem weiteren Sinken der bereits ruinösen Preise Einhalt gethan werden könnte. Gleichzeitig wurden Schritte gethan, um die Erlaubniß zur Errichtung von Transitlagern für Rohzucker, sowie die Belehnung der aufgelagerten Waare zu erwirken. Diese Bemühungen waren auch von Erfolg.

Beim Herannahen der Berliner Konferenz, auf welche die Zuckerinteressenten der ganzen Welt mit größter Spannung blickten, machte sich in London, Paris und besonders Prag eine spekulative Bewegung geltend, welche auf einmal in sprungweise Hausse überging und in Folge deren die Preise an den Auslandsmärkten in wenigen Tagen um ca. M. 4—5 pro 100 kg emporschnellten. Auch bei uns blieb dies nicht ohne Einfluß, obgleich man sich nicht in gleichem Maaße hinreißen ließ, indem Brode pro November von M. 56 auf M. 58 stiegen.

Auf der Berliner Konferenz waren jedoch zu entgegengesetzte Interessen vertreten. Rohzucker-Fabriken, Raffinerien und Melasse-Entzuckerungs-Fabriken sollten sich über gemeinsame Maßnahmen und einen neu vorzuschlagenden Steuermodus einigen, aber jede hätte gern die Hauptlasten auf die anderen abgeladen; so kam es schon im Schoße der ersten Versammlung zu starken Meinungsverschiebenheiten und schließlich verlief die ganze Konferenz, von der man die Sanirung des Artikels erwartet hatte, im Sande.

Kaum war aber die Resultatlosigkeit der Konferenz bekannt geworden, als die Preise wieder ruhiger wurden. Zum Glück herrschte in Folge der schlechten Versorgung des Kleinhandels und des dadurch hervorgerufenen regelmäßigen Abzugs eine Knappheit an raffinirter Waare, so daß sich die Preise für die erste Zeit noch ungefähr zu behaupten vermochten; bald konnten aber die Fabriken den Ansprüchen besser genügen und in Folge davon ging der Werth fast täglich zurück, bis derselbe am Jahres-Ende auf ca. M. 52 angekommen war.

Der Zuckerhandel, welcher in der Campagne 1883,84 die Hauptverluste getragen hat, verhielt sich seit Beginn der neuen ganz apathisch und waren es fast ausschließlich die Fabriken, welche unter der letzten Preiserniedrigung zu leiden hatten.

Für das laufende Jahr wird eine bedeutende Einschränkung des Rübenbaues erwartet. Ein anderes Mittel, dem Artikel wieder aufzuhelfen, gibt es aber auch nicht; denn der Konsum hat in Folge der billigen Preise zwar zugenommen, kann jedoch mit der Produktion nicht gleichen Schritt halten.

Reis, meistens ruhig, hat keine nennenswerthe Veränderung zu verzeichnen. Gute Vorlaufreise kosten ca. M. 25.60 bis M. 27 pro 100 kg, verzollt hierhergelegt, je nach Qualität.

Die Preise der Gewürze sind im Allgemeinen zurückgegangen, mit Ausnahme des Pfeffers, der sich in einer Hand befindet, wodurch die Preisbestimmung desselben lediglich von dem Monopolisten abhängt.

Petroleum. Petroleum verkehrte das ganze Jahr hindurch in ruhiger Stimmung und langsam weichender Tendenz. Der Preis war am Schlusse des Jahres ca. M. 7.25 pro 50 kg unverzollt, ab Bremerhafen, also ca. M. 1.25 unter dem Werthe am Ende des Jahres 1883.

Amerikanisches Schweineschmalz. Amerikanisches Schweineschmalz, früher ein bedeutender Konsumartikel, hat im Laufe des Jahres eine beträchtliche Einschränkung erlitten. Zum Theil mag daran das Einfuhrverbot von amerikanischem Speck Schuld tragen, wodurch die Schweinezucht bei uns begünstigt wurde, der Hauptgrund aber liegt in der guten Kartoffelernte des letzten Jahres, welche unsere Landleute veranlaßte, selbst Schweine zu mästen, und, anstatt das amerikanische Schmalz aus der Stadt zu holen, das eigene Produkt dahin zum Verkaufe zu

bringen. Die Preise waren unter solchen Umständen mit wenigen
Unterbrechungen weichend und schließen mit ca. M. 38 pro 50 kg
unverzollt ab Bremen, für die Marke „Wilcox", gegen ca. M. 44
am Ende des Vorjahres.

Stockfische waren in Folge befriedigenden Fanges billiger als
in der vorigen Saison. Der Preis war für Tittlinge und Kölner
Sortirung ca. M. 66 pro 100 kg, verzollt hierhergelegt, also
ca. M. 20 unter dem Preise der vorhergehenden Saison. **Stockfische.**

Häringe waren reichlich angeführt und schwankten die Preise
zwischen M. 32 bis M. 38 für eine ganze Tonne holländische
gemischte, verzollt hierhergelegt, gegen ca. M. 40 bis M. 42 im
vorigen Jahre. **Häringe.**

Der Weinumsatz war im Allgemeinen ein zufriedenstellender,
soweit dies namentlich den Verbrauch von Rothweinen betrifft.
Bedauerlich bleibt es, daß unsere badischen Weinbauern den Anbau
von Rothwein zu sehr gegenüber dem Anbau von Weißwein
vernachlässigen. Die Folge davon ist, daß zwar die wenigen, einen
guten Rothwein erzielenden Weinorte, wie Affenthal mit Umge-
bung und Zell, sehr hohe Preise für ihre Weine erzielen, der
Weinhandel aber auf den Bezug vom Auslande angewiesen ist,
um der stetig wachsenden Nachfrage nach kräftigen und doch billigen
Rothweinen genügen zu können. Millionen gehen in Folge dessen
in's Ausland, während bei uns vielfach die Weißweine unver-
käuflich beim Weinbauer lagern. **Wein.**

Von einer hiesigen Weinhandlung wurden im Berichtsjahre
Versuche mit direkter Einfuhr algerischer Rothweine gemacht, die,
der Qualität dieser Weine entsprechend, sehr gut ausgefallen sind.

Auch Bordeaux- und Burgunderweine wurden viel verkauft.

Der Umsatz in 1884er Weißweinen war dagegen, wie schon
oben angedeutet, gering, da der neue Wein seinem Werthe entsprechend nicht billig und daher der Konkurrenz des massenhaft
hierher gebrachten billigen Obstmostes nicht gewachsen war.

Der deutsche Schaumwein findet in erfreulichem Maaße stets
wachsenden Absatz und haben die feineren Marken dem französischen

Champagner mit Erfolg den Rang streitig gemacht; in Zukunft wird dies in Folge der neuen Zollerhöhungen in noch höherem Grade der Fall sein.

Der Handel mit inländischem Rohtabak lag gegen Ende 1883 ganz darnieder und hat auch im Laufe des Jahres 1884 keine, oder doch wenigstens keine wesentliche, Besserung erfahren. Obgleich die 1883er Ernte brauchbares Cigarrenmaterial lieferte, ergab sich doch nach beendigter Fermentation, daß wenig gute Blatttabake vorhanden waren, so daß die ziemlich lebhafte Nachfrage nach solchen nicht befriedigt werden konnte. Der Einkauf der 1883er Ernte hatte stürmisch begonnen und waren den Pflanzern hohe Preise bewilligt worden; nachdem jedoch der größere Theil der Ernte eingelagert war, trat etwas Ruhe im Ankaufe ein, was neben dem Umstande, daß die zuletzt gekauften Tabake größtentheils kleinblattiger und von geringerer Qualität waren, als man erwartet hatte, einen Rückgang der Preise zur Folge hatte. Von diesen geringeren Umblatt-Einlage-Tabaken sowie von denen der 1882er Ernte sind jetzt noch große Lager vorhanden, die zu theuer einstehen und unter der Konkurrenz billiger überseeischer Waaren zu leiden haben, so daß, zumal bei dem langsamen Verkaufe derselben, von einem nutzbringenden Geschäfte keine Rede sein kann. Der Einkauf der 1884er Ernte begann mit großer Vorsicht, wozu allerdings der zweifelhafte Charakter des Gewächses dieses Jahrganges wesentlich beitrug, und wurden den Pflanzern, mit Ausnahme für Herbsttabake, nur geringe Preise bewilligt.

Eine bedauerliche Schattenseite des Steuergesetzes erblicken die Tabakhändler darin, daß sie genöthigt sind, die Stengel der unter Zollverschluß befindlichen entrippten Tabake gratis oder gegen ganz geringes Entgelt nach dem Auslande zu verschicken, da der Werth des versteuerten Artikels ca. M. 15, die zu erlegende Steuer aber M. 22.50 pro 50 kg beträgt, so daß eine Verwendung im Inlande unmöglich gemacht wird. Würde, was bisher nicht der Fall ist, von der Steuerbehörde die Erlaubniß ertheilt, die Stengel nach vorhergegangener Unbrauchbarmachung an Landwirthe abzugeben, so könnten nach Ansicht der Tabakhändler

Tausende von Zentnern werthvollen Dungmaterials dem Inlande fast kostenlos erhalten bleiben (vgl. auch S. 64 fg.).

Der Handel in Wollenstrickgarn hat gegen die früheren Jahre eine wesentliche Aenderung nicht erfahren, er bleibt nach wie vor nur wenig lohnend, obgleich der Bedarf in steter Zunahme begriffen ist. Der Grund dieser Erscheinung liegt in der von Jahr zu Jahr größer werdenden Konkurrenz, von der Einer den Anderen zu unterbieten sucht; Hand in Hand damit geht der Zwischenhandel.

Auch über den Handel in baumwollenen Garnen läßt sich für das abgelaufene Jahr nur wenig Erfreuliches berichten. Die baumwollenen Nähmaschinen-Zwirne fanden auch im letzten Jahre wieder reichlichen Absatz. Die deutschen Fabrikanten sind ernstlich bemüht, das Beste zu liefern und werden die ausländische Konkurrenz bald ganz aus dem Felde geschlagen haben. Am hiesigen Platze wurde bis vor wenigen Jahren nur englische Waare verlangt, während heute ³/₄ des Bedarfs in deutscher Waare gedeckt werden.

Die Lage des Zwischenhandels in Manufakturwaaren hat sich im Berichtsjahre besonders in Folge der guten Ernte dieses Jahres etwas gebessert. Die Verhältnisse auf dem Lande sind bessere geworden, die Landbevölkerung war in der Lage, eher wieder Anschaffungen machen zu können, was dem Kleingeschäft der Manufakturbranche zu Statten kam.

Indeß hat sich auch die Leistungsfähigkeit der deutschen Textilindustrie gehoben, die Fabrikanten sind zum größten Theil auf Monate hinaus beschäftigt, neue bedeutendere Aufträge können theilweise nur mit sehr ausgedehnter Lieferfrist untergebracht werden, wodurch die Ueberproduktion, die stets nachtheilig auf das Geschäft wirkt, vermieden wird.

Die in Frankreich und Italien aufgetretene Cholera bewirkte bei den Desinfektionsartikeln, wie Karbolsäure, Chlorkalk, Eisenvitriol u. s. w. eine wesentliche Steigerung der Preise. In der Annahme, daß diese Seuche in den beiden Ländern nicht vollständig ausgerottet ist und bei eventuellem erneuten Auftreten, große Nachfrage nach den betreffenden Artikeln herrschen wird, hat eine große Zahl der Grossisten sich frühzeitig mit den inländischen Fabriken in Lieferungskontrakte eingelassen, so daß der Handel keine Störung erleiden dürfte, wie dies vergangnes Jahr der Fall war.

Die Konventionen, die von Seite der chemischen Fabriken, wie Soda-, Borax- u. s. w. Fabriken, geschlossen wurden, um das stetige Rückgehen der Preise zu hindern, haben nur vorübergehend bestehen können und sind die Preise bereits auf einem so niederen Stande angekommen, daß weder der Fabrikant noch der Grossist mit Vortheil arbeitet.

In der Fettbranche war gegenüber dem vorhergehenden Jahre ein Stillstand eingetreten, hervorgerufen durch die sich ansammelnden Vorräthe in Unschlitt, Knochenfett u. s. w. Die billigen Preise des Leinöls und Arachidels, welch' letzteres in der Seifensiederbranche mit Erfolg verwendet wurde, bewirkten bei Cottonöl und Olein einen nicht unwesentlichen Ausfall. Außerdem hatte Fabrik-Olivenöl durch das immer mehr über Hand nehmende Mineralöl zu leiden, obwohl letzteres nicht bei allen Maschinen mit Vortheil angewendet werden kann.

Die Südfrüchte erfuhren höhere Preise, ebenso die Produkte aus dem Sudan. In Sämereien ist in Folge geringer Ernte große Nachfrage nach Kümmel entstanden und stehen hierfür hohe Forderungen zu erwarten. Die Reiß-Stärke-Fabrikation lag vor Jahren ausschließlich in englischen Händen; seit einiger Zeit wird jedoch dieser Artikel in solcher Menge in Deutschland fabrizirt, daß ein Bezug von England nicht mehr rentirt. Die Stärke selbst steht dem englischen Fabrikat nicht nach und ist wesentlich billiger.

In Folge der so günstigen Frühjahrsmonate fiel die Honigernte reicher aus, als es bis jetzt jemals der Fall gewesen. Sollte — was inzwischen geschehen ist — die vorgeschlagene Zollerhöhung für Honig von M. 3 auf M. 20 pro 100 kg angenommen werden, so dürften sich die Preise in Bälde bessern.

Geld und Effekten. Das charakteristische Merkmal des Bankgeschäfts im Jahre

1884 ist das weitere Sinken des Geldwerthes, welches, mit kurzen Unterbrechungen, nun schon seit einigen Jahren anhält.

Am deutlichsten spricht sich dieses Sinken in dem Kurse der 4prozentigen deutschen Staatspapiere aus.

Unter solchen Verhältnissen wird es dem Kapitalisten immer schwieriger, Anlagewerthe zu finden, welche bei entsprechender Sicherheit einen annehmbaren Zinsgenuß gewähren.

Viele, und zwar besonders kleinere, Kapitalisten gingen deßhalb zum Kauf sogar solcher ausländischer Renten über, vor deren Erwerbung man noch vor Jahren theilweise zurückschreckte.

Diese Sachlage mußte natürlich eine allseitige, ziemlich bedeutende Steigerung aller fest verzinslichen Werthe und eine große Anzahl von Konvertirungen zur Folge haben, und kann so wohl gesagt werden, daß im abgelaufenen Jahre die großen Banken, welche die Emission der ausländischen Renten und die Konvertirungen durchführten, oftmals lohnenden Verdienst fanden.

Im Gegensatz zu der günstigen Lage der großen Banken an den Hauptbörsenplätzen ist die Lage des Provinzial-Bankgeschäfts z. Zt. in Folge der Konkurrenz, welche demselben von den Bankgeschäften der Börsenplätze bei dem Provinzial-Publikum gemacht wird, sowie in Folge des Provisionsdruckes, welchen einzelne Provinzgeschäfte ins Werk setzen, weniger günstig.

Das Geschäft in der Provinz ist außerdem gegen frühere Jahre überhaupt etwas stiller geworden, wozu speziell in Süddeutschland auch die Verluste beitragen mögen, welche das Publikum im vergangenen Jahre vielfach an amerikanischen Werthen erlitten hat.

Ueber Exporthandel wird uns von der Firma Karl Wagner **Export.** dahier Folgendes berichtet:

„Die Lage des Exportgeschäftes war im verflossenen Jahre wenig befriedigend, das chinesische und das japanische Geschäft lag ganz darnieder, nur nach den englischen Kolonien war das Geschäft lebhaft bei sehr gedrückten Preisen.

Gegen Schluß des Jahres trafen Versuchsorders in Parsümerien, Kurz- und Eisenwaaren von der afrikanischen Ostküste ein; ich decke meinen Bedarf grundsätzlich aus Karlsruher Fabriken."

12. Arbeiterverhältnisse.

Arbeiter-verhältnisse.

Ueber die Arbeiterverhältnisse ist nichts Besonderes zu berichten.

Die Zahl der beschäftigten Arbeiter dürfte im großen Ganzen dieselbe wie im Vorjahre geblieben sein; nur von einigen Etablissements ist uns bekannt geworden, daß sie die Zahl ihrer Arbeiter etwas erhöht haben.

Die Arbeitslöhne haben nach den uns vorliegenden Berichten ebenfalls keine, oder doch wenigstens keine wesentliche Veränderung erfahren.

13. Statistik des Eisenbahn-, Post- und Telegraphenverkehrs.

Eisenbahnverkehr.

Den allgemeinen Verkehr auf der hiesigen Eisenbahnstation (Bahnhof und Mühlburgerthor) sowie auf den übrigen Eisenbahnstationen unseres Bezirks im Jahr 1884 veranschaulichen die beiden folgenden Tabellen auf Seite 88 und 89. Hierzu ist zu bemerken, daß der ganze Transitverkehr und der Personenverkehr von fremden Bahnen nach Badischen Stationen unter den betreffenden Zahlen nicht begriffen ist und Retourbillete einfach gerechnet sind. Die Länge der Badischen Bahnen betrug am Schlusse des Jahres 1884: 1317,29 Kilometer.

Verbesserungen im Betriebsdienste der Post- und Telegraphen-anstalten.

Von den Verbesserungen, welche im Berichtsjahre im Betriebsdienste der im Kreise Karlsruhe gelegenen Post- und Telegraphenanstalten stattgefunden haben, verzeichnen wir im Nachstehenden diejenigen, welche hauptsächlich unseren Bezirk berühren:

In Grünwinkel ist am 7. April eine Postagentur und eine Telegraphenbetriebsstelle eingerichtet worden, in Daxlanden eine Telegraphenbetriebsstelle am 15. April und in Ubstadt eine desgleichen am 1. Mai.

Oestringen erfreut sich seit dem 20. Dezember einer Botenpost nach Langenbrücken (als dritter täglicher Verbindung) zum Anschluß an die Mittagszüge und einer dritten täglichen Briefbestellung nach Ankunft der Botenpost von Langenbrücken.

Die in Karlsruhe stattgefundenen Verbesserungen bestehen: in der Aufstellung eines weiteren (des 41.) Stadtbriefkastens seit dem 24. August, in der Einrichtung von 5 neuen amtlichen Verkaufsstellen für Postwertzeichen, in der Erweiterung der Stadt-Fernsprecheinrichtung durch Anschluß von 5 neuen Theilnehmern, in der Beschleunigung der Telegramm-Bestelluug seit dem 1. April, in der Ermächtigung des Telegraphenamts zur Annahme der auf telegraphische Postanweisungen einzuzahlenden Beträge seit dem 1. Januar.

In Bruchsal kommen seit dem 1. September Pferdekräfte zur Bestellung der Packete in der Stadt zur Verwendung, wodurch die Bestellung eine Beschleunigung erfahren hat und außerdem die Ausführung einer dritten täglichen Bestellung ermöglicht worden ist.

In Ettlingen ist seit dem 16. November durch Einrichtung einer weiteren (der 9.) täglichen Omnibusfahrt (zum Zuge 23, um 5¹¹ früh durch Ettlingen) eine wesentliche Beschleunigung der ersten Briefbestellung erzielt worden.

In Bretten sind seit dem 1. Juli die Postverbindungen durch Benützung des Zuges 15 von Bruchsal (um 11³⁵ Vormittags in Bretten) vermehrt und eine neue Briefbestellung im Anschluß an diesen Zug eingerichtet worden.

Weingarten hat seit dem 1. August eine weitere Postverbindung durch Benutzung des Zuges 36 um 12⁰⁰ Mittags erhalten.

Der Post- und Telegraphenverkehr an den verschiedenen Plätzen unseres Bezirks im Jahre 1884 ist aus der am Schlusse dieses Werkes beigefügten Tabelle zu ersehen; für die bedeutenderen dieser Plätze enthält die Tabelle gleichzeitig die betreffenden Daten aus den Jahren 1881—1883, für die übrigen Plätze aus dem Jahre 1883.

Post- und Telegraphenverkehr.

14. Geld- und Kreditanstalten.

Der Reichsbankzinsfuß ist für Wechsel- und Lombardgeschäfte während des ganzen Jahres 1884 unverändert 4 bezw. 5 %

Reichsbankstelle zu Karlsruhe.

(Fortsetzung auf Seite 90.)

Verkehr auf der Eisenbahnstation Karlsruhe (Bahnhof und Mühlburgerthor) im Jahr 1884.

Monate.	Personen-Billete.	Gepäck. Kilogramm.	Thiere. Stück.	Güter. Versandt. Binnen-Verkehr. Kilogramm.	Directer	Empfang. Binnen.	Directer	Summa der Einnahmen. Mark.
Januar . . .	91 364	131 855	365	2 573 635	2 380 075	3 984 395	7 511 525	204 208,10
Februar . .	81 775	380 400	393	2 461 065	1 823 565	4 754 150	7 989 710	200 003,60
März . . .	97 195	124 550	421	3 164 670	2 687 995	6 780 040	13 384 910	222 177,84
April . . .	113 340	145 455	444	2 407 910	2 292 100	3 964 240	8 039 845	225 403,24
Mai . . .	114 754	172 113	431	2 696 355	2 450 800	6 417 825	7 508 735	245 034,33
Juni . . .	114 275	168 645	765	1 901 780	2 917 125	5 707 796	7 178 365	242 447,33
Juli . . .	101 115	210 116	486	3 199 935	3 037 940	6 902 970	7 933 705	270 481,54
August . .	100 227	215 920	420	2 858 615	2 040 505	6 520 265	9 009 690	278 921,60
September .	55 828	175 865	407	2 763 795	2 630 190	6 377 070	8 918 810	278 027,47
October . .	45 888	187 720	376	2 853 445	2 431 515	7 612 680	9 770 635	270 634,95
November .	38 067	142 390	617	2 689 490	2 777 455	5 848 840	10 688 265	241 114,75
Dezember .	37 410	146 645	194	2 700 005	2 628 920	4 551 320	9 483 710	222 278,95
1883 . . .	622 268	2 210 490	5 727	32 252 605	28 946 115	70 841 310	107 338 245	2 508 735,91
1883 . . .	544 263	1 931 635	7 027	28 084 080	28 128 175	62 014 943	94 445 890	2 880 764,81
1882 . . .	518 620	1 777 815	12 421	27 222 750	30 676 920	57 913 806	85 923 060	2 802 706,55
1881 . . .	508 354	1 644 105	20 066	24 648 700	24 503 245	59 461 850	81 131 273	2 081 651,44
1880 . . .	648 070	1 520 975	24 225	25 426 745	18 720 565	54 644 755	83 763 290	2 386 355,08

Verkehr auf den übrigen Eisenbahnstationen des Handelskammerbezirks Karlsruhe im Jahre 1884.

Stationen.	Personen-Billete.	Gepäck. Kilogramm.	Thiere. Stück.	Güter. Versandt. Binnen-Verkehr. Kilogramm.	Güter. Versandt. Direkter Verkehr.	Güter. Empfang. Binnen-Verkehr.	Güter. Empfang. Direkter Verkehr.	Summa der Einnahmen. Werth.
Bretten	42 915	477 150	39 940	3 915 680	5 039 385	5 180 630	5 399 085	246 989,54
Bruchsal . . .	169 286	417 250	8 838	14 953 040	10 125 085	14 596 330	25 162 290	694 585,61
Durlach . . .	100 842	125 480	8 765	4 124 905	8 265 995	11 265 025	17 550 510	311 823,17
Eggenstein . .	7 837	2 595	41	811 740	168 460	645 370	908 220	12 991,87
Ettlingen . .	80 434	74 290	4 357	2 566 980	3 540 620	9 167 445	19 491 205	269 247,54
Heidelsheim . .	10 992	62 810	522	362 110	855 630	625 400	949 290	21 068,07
Langenbrücken .	25 304	134 400	1 520	9 058 830	996 410	5 098 110	6 019 230	122 294,02
Malsch . . .	27 657	40 420	699	3 135 750	1 656 840	579 430	2 281 130	36 947,10
Mingolsheim .	13 501	45 365	114	—	—	—	—	13 444,59
Mühlburg . .	4 317	5 725	101	5 775 820	4 246 670	9 627 060	14 407 940	184 744,25
Philippsburg .	10 569	21 775	84	1 018 920	638 160	1 048 270	1 130 710	25 793,29
Ubstadt . . .	9 044	82 120	160	—	—	—	—	7 971,11
Untergrombach .	27 053	462 355	300	358 920	147 620	842 640	392 980	28 093,39
Waghäusel . .	9 973	24 330	225	11 241 960	13 430 570	32 115 460	55 076 770	424 652,90
Weingarten . .	27 562	131 445	192	701 580	568 600	1 198 690	1 585 610	42 133,93
Wiesenthal . .	3 354	6 005	31	—	—	—	—	3 950,16

(Fortsetzung von Seite 87.)

geblieben. Lombardbarlehen gegen Verpfändung von Schuldver-
schreibungen des Reichs oder eines deutschen Staates werden jedoch
seit dem 12. März 1884 zu einem um ein halbes Prozent ermäßigten Zinssatze ertheilt.

Der Geschäftsumsatz stellte sich bei der hiesigen Reichs-
bankstelle im verflossenen Jahre in Einnahme und Ausgabe auf
M. 10 889 800 im Lombardverkehr, 166 744 600 im gesammten
Wechselverkehr, 2 182 700 im Anweisungsverkehr, 341 214 100 im
Giroverkehr, 8600 im Depositenverkehr, 27 274 900 im Verkehr
mit Reichs- und anderen Staatskassen, 548 294 700 überhaupt.

Im Einzelnen ergaben die Geschäfte der hiesigen Reichsbankstelle im Jahre 1884 folgende Resultate:

Giroverkehr. Bestand am 1. Januar 1884 M. 1 057 468.75.
Vereinnahmt wurden auf Girokonto: durch Baarzahlung 10 281
Stück im Betrage von M. 95 261 906.66, durch Uebertragung
am Platze 946 Stück im Betrage von M. 7 099 969.68, durch
Uebertragung von anderen Bankstellen 11 070 Stück im Betrage
von M. 51 195 975.25, zusammen M. 153 557 851.59. Verausgabt wurden auf Girokonto: durch Baarzahlung 14 363 Stück im
Betrage von M. 82 145 615.77, durch Uebertragung am Platze
946 Stück im Betrage von M. 7 099 969.68, durch Uebertragung
auf andere Bankstellen 7981 Stück im Betrage von M. 64 139 897.07,
zusammen M. 153 385 482.52. Bestand am 31. Dezember 1884
M. 1 229 837.82.

Giro-Uebertragungs-Konto. Zugang: durch Ueber-
tragungen zwischen Girointeressenten an verschiedenen Orten M.
64 139 897.07, Zahlungen von Behörden und Personen, welche
kein Girokonto haben, 7583 Stück im Betrage von M. 34 243 361.05,
zusammen M. 98 383 258.12. Abgang M. 51 223 288.62.

Diskonto-Wechsel-Geschäft (Karlsruhe einschließlich
Bruchsal, Freiburg i. Br., Konstanz, Lahr, Lörrach, Pforzheim).
Bestand am 1. Januar 1884: Stückzahl 2015, Betrag M.
3 963 840.57. Zugang: Stückzahl 11 728, Betrag M. 18 305 687.46,
Abgang: Stückzahl 11 540, Betrag M. 18 519 558.91. Höchster
Bestand M. 3 850 100; niedrigster Bestand M. 2 308 000; durch-

schnittlicher Bestand nach der wöchentlichen Nachweisung M. 2982300; durchschnittliche Größe der einzelnen Wechsel M. 1561; durchschnittliche Verfallzeit 47 Tage. Gewinn M. 109263.78. Bestand am 31. Dezember 1884: Stückzahl 2203, Betrag M. 3749960.12.

Rimessen-Wechsel-Geschäft. Wechsel auf's Inland (Karlsruhe einschließlich Bruchsal, Freiburg i. Br. u. s. w.). Es wurden angekauft 28580 Stück im Betrage von M. 30168845.05. Gewinn M. 109987.24; durchschnittliche Größe der Wechsel M. 1056; durchschnittliche Verfallzeit 23 Tage.

Inkasso-Wechsel-Geschäft (Karlsruhe einschließlich Bruchsal u. s. w.). Bestand am 1. Januar 1884: 3168 Stück im Betrage von M. 2638412.22. Zugang durch Rimessen der anderen Bankstellen einschließlich der M. A. protestirten und wieder zurückgesandten Inkassowechsel: 40223 Stück im Betrage von M. 34885472.88. Abgang 39880 Stück im Betrage von M. 34345521.77. Höchster Bestand M. 3178400; niedrigster Bestand M. 1181700; durchschnittlicher Bestand M. 1852300. Bestand am 31. Dezember 1884: 3511 Stück im Betrage von M. 3178363.33.

Rimessen-Wechsel-Geschäft. Wechsel auf's Ausland. Stückzahl 118. Auf Amsterdam 1119.17 fl.; auf Belgien 7070.41 Frcs.; auf Italien 1071.65 L.; auf London 7780 £ 2 sh. 7 d.; auf Paris 149516.28 Frcs.; auf die Schweiz 79809.13 Frcs. Realwerth M. 350671.80.

Lombard-Geschäfte. Bestand am 1. Januar 1884: Stückzahl 15, Betrag M. 39300. Zugang: Stückzahl 9, Betrag M. 3643800. Abgang: Stückzahl 5, Betrag M. 3518500. Höchste Summe (Karlsruhe einschließlich Bruchsal u. s. w.) M. 346300; niedrigste Summe (Karlsruhe einschließlich Bruchsal u. s. w.) M. 61700; durchschnittliche Summe (Karlsruhe einschließlich Bruchsal u. s. w.) M. 142900. Gewinn M. 2932.79. Bestand am 31. Dezember 1884: Stückzahl 19, Betrag M. 164600 in Darlehen auf Effekten (einschließlich Wechsel) der in §. 13 Ziffer 3 sub b. c. d. des Bankgesetzes bezeichneten Art.

Zwölfmonatliche Bestände im Wechsel- und Lombardverkehr:

	Platz-Diskonto-Wechsel.	Inkasso-Wechsel.	Lombard-Darlehen.
am 31. Januar	3 496 000	1 933 000	108 000
„ 29. Februar	2 980 000	1 725 000	186 000
„ 31. März	2 759 000	1 737 000	160 000
„ 30. April	2 366 000	1 960 000	128 000
„ 31. Mai	2 651 000	2 128 000	133 000
„ 30. Juni	2 637 000	1 915 000	90 000
„ 31. Juli	2 810 000	1 864 000	102 000
„ 31. August	2 645 000	1 818 000	200 000
„ 30. September	2 810 000	1 850 000	173 000
„ 31. Oktober	3 282 000	2 387 000	93 000
„ 30. November	3 825 000	2 373 000	182 000
„ 31. Dezember	3 750 000	2 517 000	272 000

Babische Bank. Dem Berichte der Direktion der Babischen Bank über das Geschäftsjahr 1884 entnehmen wir Folgendes:

„Der Geldüberfluß, welcher schon in dem vorhergehenden Berichtsjahre geherrscht hatte, verminderte sich auch im Jahre 1884 nicht. Die offizielle Diskontorate der Reichsbank hielt sich zwar anhaltend auf 4 %, doch sank der mittlere Diskontsatz am offenen Markte auf ein so tiefes Niveau herab, wie wir es seit dem Bestehen unseres Instituts noch nicht zu verzeichnen hatten. Wenn wir auch für unsere disponiblen Betriebsmittel auf unserem einheimischen Geschäftsgebiete ununterbrochen kulante Verwendung fanden, so mußten wir doch dem gedrückten Geldwerthe Rechnung tragen und uns mit einem Erträgnisse aus dem Diskontgeschäfte begnügen, welches wesentlich hinter dem des vorhergehenden Jahres zurückbleibt. Eine erfreuliche Zunahme haben wir im vergangenen Jahre in unserer Geschäftsabtheilung für die Aufbewahrung und Verwaltung von Werthpapieren wahrgenommen, das Publikum lernt immer mehr diese wohlthätige, bequeme und billige Einrichtung würdigen. Das Reichsgesetz vom 18. Juli 1884, die Kommanditgesellschaften auf Aktien und die Aktiengesellschaften betreffend, berührt die Bestimmungen unserer Statuten in wenigen Punkten unwesentlich.“

Als Dividende der Bank kamen 5 % (gegen 5½ % im Jahre 1884 und 6½ % im Jahre 1882) zur Vertheilung.

Der Gesammtumsatz betrug M. 1 607 745 202.78; davon kommen auf Mannheim M. 1 026 540 883.38, auf Karlsruhe M. 581 204 319.40.

An Noten waren im Umlauf:

Ende	M.	Ende	M.
Januar . .	14 050 700	Juli . . .	11 726 000
Februar .	13 187 300	August . .	11 406 600
März . .	12 610 800	September .	12 729 600
April . . .	11 711 700	Oktober . .	14 585 200
Mai . . .	11 367 000	November .	13 952 900
Juni . . .	11 412 400	Dezember .	14 232 000.

Die niedrigste Zirkulation betrug am 23. August M. 10 748 400, die höchste am 4. Januar M. 16 467 000, der tägliche Durchschnitt des Notenumlaufs M. 13 218 200, die durchschnittliche Deckung 38,60 % oder M. 5 107 700, der durchschnittliche Bestand in Diskontwechseln M. 17 348 400.

Der Wechselverkehr im Karlsruher Geschäft stellte sich im Eingang auf 25 172 Stück im Betrage von M. 45 302 960.56, im Ausgang auf 25 424 Stück im Betrage von M. 45 016 930.94.

Der Darlehensverkehr auf Effekten im Karlsruher Geschäft war folgender:

Bestand am 1. Januar	61 Stück im Betrage von	M.	278 540
Zugang	37 „ „	„	226 500
Zurückbezahlt . . .	48 „ „	„	213 940.

Diskontirte Werthpapiere im Karlsruher Geschäft: Nettobestand am 1. Januar M. 19 774.81. Im Laufe des Jahres wurden diskontirt für den Nettowerth von M. 55 158.12.

Gewinn- und Verlust-Konto per 31. Dezember 1884.

Soll.

Steuern	. . .	M.	57 943.58
Gehaltszahlungen		„	81 133.75
	Uebertrag . .	M.	139 077.33

	Uebertrag	M.	139 077.33
Allgemeine Unkosten . . .	. . .	„	29 214.24
Zinsen auf Baar-Depositen	. . .	„	3 499.92

Gewinn-Saldo:

Reingewinn pro 1884 .	M.	465 158.07		
Vortrag vom Jahre 1883	„	12 475.10		
			„	477 634.07
			M.	649 425.50

Haben.

Vortrag vom Jahre 1883	M.	12 475.10
Zinsen auf deutsche Wechsel	„	553 744.40
Zinsen auf beliehene Werthpapiere	„	32 728.20
Zinsen auf beliehene Waaren	„	2 919.92
Zinsen auf diskontirte verloosie Werthpapiere .	„	310.65
Ertrag auf eigene Effekten	„	2 087.77
Zinsen auf Guthaben und vereinnahmie Provisionen	„	15 193.23
Gebühren auf aufbewahrte Depositen . . .	„	14 061.86
Eingang auf früher abgeschriebene Forderungen	„	15 604.43
	M.	649 425.56

Die Nettobilanz der Bank für das letzte Geschäftsjahr geben wir auf Seite 96 und 97 wieder.

Rheinische Kreditbank. Aus dem Geschäftsberichte der Rheinischen Kreditbank für 1884 heben wir das Nachstehende hervor:

„Das verflossene Geschäftsjahr bot in seinem Verlauf wenig Charakteristisches. Frei von politischen Störungen und unwesentlich beeinflußt von sonstigen äußeren Verhältnissen, bewegte sich der Verkehr im Ganzen in normalen Bahnen. Die Spekulation, von früher noch immer zurückhaltend, fand wenig Veranlassung, kräftig einzugreifen, und wenn einmal ein frischer Zug durch das Geschäft ging, so folgte der Rückschlag fast auf dem Fuße, dagegen trat eine sehr starke Nachfrage nach Anlagepapieren mit fester Verzinsung hervor, genährt durch eine Geldflüssigkeit, die jene früherer Jahre noch überstieg. Trotz des ruhigen Geschäftsganges ist unser Gesamtumsatz wiederum gewachsen. An dieser Ausdehnung nahm besonders unser Effektengeschäft Theil, das durch die große Sorgfalt, die wir ihm unablässig widmen und dadurch, daß wir vermöge unserer schätzbaren Beziehungen im In- und Auslande öfter in der Lage sind, besondere Vortheile zu bieten, sich einer beständigen Zunahme an Kundschaft zu erfreuen hat."

Die Gesammtumsätze der Bank — im Ein- und Ausgang gerechnet — betrugen M. 2 103 142 739.13 gegen M. 1 772 358 085.55 im Jahre 1883.

Die Hauptergebnisse waren folgende:

	Eingang.	Ausgang.
Kontokorrentverkehr	M. 497 894 727.54	M. 486 460 053.14
Wechselverkehr	„ 121 605 547.62	„ 112 138 168.80
Effektenverkehr	„ 175 213 247.10	„ 179 358 614.24

Dividende 6 %, wie pro 1883 und 1882.

Gewinn- und Verlust-Konto.
Soll.

Handlungs-Unkosten:

Salair, Gehalt der Direktoren, Steuern (M. 79 800.42), Porti, Depeschen, Büreau-Utensilien &c. . . . . M. 399 622.55

Provisions-Konto:

im Konto-Korrent- und Effekten-Geschäft bezahlte Provisionen . . . . „ 64 304.73

Abschreibung:

für Verluste bei Fallimenten und für zweifelhafte Forderungen . . . . . M. 37 636.24

auf das Bankgebäude in Mannheim . . . . . . „ 10 000.00

auf das Bankgebäude in Karlsruhe . . . . . „ 5 000.00

„ 52 636.24

Reingewinn . . . . „ 928 376.17

M. 1 444 939.69

(Fortsetzung auf Seite 96.)

Activa.

	ℳ	₰	ℳ	₰
Kassen-Bestand:				
a. Unzäßiges deutsches geprägtes Geld	5 146 137	37		
b. Reichskassenscheine	11 375	—		
c. Eigene Banknoten	—	—		
d. Reichsbanknoten	99 500	—		
e. Noten anderer Banken	50 300	—	5 307 312	37
Wechsel-Bestand:				
a. Platz Wechsel:				
in den nächsten 15				
Tagen fällige ℳ. 1 137 301 . 48				
später fällige „ 4 569 708 . 99	5 707 010	47		
b. Wechsel auf deutsche Plätze:				
in den nächsten 15				
Tagen fällige ℳ. 1 839 303 . 95				
später fällige „ 10 383 078 . 25	12 222 382	20		
	17 929 392	67		
abzüglich Rückzinsen vom 31. De-zember 1884	84 838	90	17 844 553	77
Lombard-Forderungen:				
a. auf Effekten (laut §. 13. 3. b. c. des Bankgesetzes)	818 510	—		
zuzüglich Zinsen bis 31. Dezember 1884	4 693	97		
b. auf Waaren (laut §. 13. 3. d. des Bankgesetzes)	36 700	—		
zuzüglich Zinsen bis 31. Dezember 1884	310	93	860 214	90
Effekten-Bestand:				
a. Diskontirte verlooste Werthpapiere abzüglich Zinsen	3 324	66		
b. Eigene Effekten zuzüglich Zinsen	35 648	60	88 973	26
Diverse Debitoren:				
Debitoren in Mannheim und Karlsruhe			1 496 586	43
Grundstücke:				
a. in Mannheim . . ℳ 162 438 . 82				
Mobilien . . . „ 3 429 . 09	165 867	91		
b. in Karlsruhe . . ℳ 130 494 . 34				
Mobilien . . . „ 2 111 . 19	132 605	53	298 473	44
			25 846 114	17

Bank.
per 31. Dezember 1884.   **Passiva.**

	ℳ	₰	ℳ	₰
Grund-Kapital:				
St. 30 000 Aktien à ℳ. 300			9 000 000	—
Reservefond:				
Bestand am 31. Dezember 1883 . . .	1 509 799	21		
Unerhobene und Statuten gemäß dem Reservefond überwiesene Dividenden-Kupons pro 1. Juli 1879	225	—	1 510 024	21
Banknoten im Umlauf:				
Noten à ℳ. 100			14 232 000	—
Diverse Kreditoren:				
a. Guthaben in Konto-Korrent . . .	473 749	25		
b. noch zu zahlende Unkosten pro 1884	7 000	—		
c. unerhobene Dividenden pro 1879;1883	4 192	30		
d. verfallene Gutzennoten	34 491	45	420 433	—
Fällige Verbindlichkeiten:				
Unerhobene Rückzahlung auf St. 7 Aktien			2 100	—
Verbindlichkeiten auf Kündigung:				
a. Auf feste Termine à 2 %	3 450	—		
Hierauf Zinsen bis 31. Dezember 1884	34	70		
b. Auf tägliche Kündigung à 2 % . .	200 438	19	203 922	89
Gewinn- und Verlust-Konto:				
Reingewinn pro 1884	465 158	97		
Vortrag vom Jahre 1883	12 475	10	477 634	07
			25 846 114	17

7

— 98 —

(Fortsetzung von Seite 95.)

Haben.

Vortrag von 1883 .	M.	54 571.81
Wechsel-Konto .	„	234 019.69
Effekten-Konto .	„	92 975.06
Konsortial-Betheiligungen .	„	63 441.99
Kupons- und Sorten-Konto .	„	19 115.69
Provisions-Konto:		
im Konto-Korrent- und Effekten-Geschäft eingenommene Provisionen .	„	405 130.75
Zinsen-Konto .	„	515 684.70
	M.	1 444 939.69

Die Nettobilanz dieser Bank befindet sich auf Seite 100 und 101 abgedruckt.

Vorschuß- und Kreditvereine. Eine übersichtliche Darstellung der hauptsächlichsten Geschäftsergebnisse der in unserem Bezirke befindlichen Vorschuß- und Kreditvereine während des Jahres 1884 enthalten die Tabellen auf Seite 102 bis 105.

Gewerbebank Karlsruhe. Der Vermögensstand der Gewerbebank Karlsruhe pro 31. Dezember 1884 war folgender:

Aktiva.

Vorschuß-Debitoren .	M.	142 571.00
Konto-Korrent-Debitoren .	„	25 379.70
Rückständige Zinsen .	„	2 540.41
Werth der Inventarien .	„	855.22
Effektenbestand und Zinsen darauf .	„	21 078.55
Kassenbestand .	„	4 080.50
	M.	196 505.38

Passiva.

Aktienkapital .	M.	150 000.00
Rückständige alte Aktien .	„	34.29
Rückständige Zinsen darauf .	„	1.03
Uebertrag .	M.	150 035.32

	Uebertrag	M.	150 035.32
Konto-Korrent-Kreditoren		„	295.07
Dividenden-Reserve		„	456.06
Reservefond		„	33 326.01
Rückständige Dividenden		„	327.00
Reingewinn pro 1884		„	12 065.92
		M.	196 505.38

Gewinn- und Verlust-Konto.

Gewinn-Konto.

Zinsen aus Darlehen	M.	10 704.78
Konto-Korrent-Zinsen	„	646.45
Eingenommene Effekten-Zinsen	„	705.32
Verwaltungsgebühren	„	3 989.45
Kursgewinn auf Effekten	„	549.45
	M.	16 595.45

Verlust-Konto.

Konto-Korrent-Zinsen	M.	14.83
Verwaltungsaufwand	„	4 367.57
5% Abnützung des Inventars	„	45.01
Diverse Verluste	„	102.12
Reingewinn	„	12 065.92
	M.	16 595.45

Zahl der beantragten Darlehen	1883:	1884:
a. gegen einfache Bürgschaft	2 661	2 587
b. „ doppelte Bürgschaft	171	150
c. „ Werthpapiere	108	132
	3 000	2 869

Zahl der bewilligten Darlehen	1883:	1884:
a. gegen einfache Bürgschaft	2 257	2 234
b. „ doppelte Bürgschaft	141	124
c. „ Werthpapiere	108	131
	2 566	2 489

(Fortsetzung auf Seite 106.)
7 *

Aktiva.

Rheinische
Bilanz per

			ℳ	₰
Kassa-Konto			566 614	05
Reichsbank-Giro-Konto			846 796	50
Diverse Debitoren			27 393 381	38
davon Guthaben bei den Bankfirmen	ℳ.	1 430 230 . 15		
davon durch Sicherheiten gedeckt	„	17 551 209 . 97		
Wechsel-Konto				
in Reichswährung	ℳ.	6 815 310 . 09		
in fremder Währung	„	2 652 068 . 73	9 467 378	82
Effekten-Konto				
Div. Staats- und Städte-Obligationen, Pfandbriefe und Loose	ℳ.	925 042 . 37		
Div. Eisenbahn-Aktien und Prioritäten	„	448 279 . 09		
Bankaktien	„	124 184 . 84		
Div. Industrie-Aktien als: Bad. Anilin-, amerik. Celluloidwaaren-Fabrik-Aktien ꝛc.	„	330 237 . 09		
Verloste Effekten	„	26 849 . 47	1 854 632	86
Effekten des Beamten-Unterstützungs-Fonds			80 619	95
Konsortial-Betheiligungen			713 500	82
Kupons-Konto			471 068	79
Immobilien-Konto				
Bankgebäude in Mannheim .	ℳ.	414 169 . 31		
„ „ Karlsruhe . .	„	126 700 . 14		
„ „ Konstanz . .	„	54 000 . 00	594 869	45
Liegenschafts-Konto				
Dampfziegelei Durlach (unser Antheil)	ℳ.	81 066 . 10		
ab Abschreibung	„	5 025 . 99	76 040	11
			42 065 102	73

Kreditbank.
31. Dezember 1884.   **Passiva.**

	ℳ	₰
Kapital-Konto	12 000 000	—
Diverse Kreditoren	15 958 706	98
Acceptations-Konto	10 623 335	33
Aval-Konto	887 326	67
Reservefond-Konto	1 108 129	43
Dividenden-Konto		
nicht eingelöste Dividendenscheine pro 1879 . . . . ℳ. 72.—		
nicht eingelöste Dividendenscheine pro 1880 . . . . „ 39.—		
nicht eingelöste Dividendenscheine pro 1881 . . . . „ 42.—		
nicht eingelöste Dividendenscheine pro 1882 . . . . „ 108.—		
nicht eingelöste Dividendenscheine pro 1883 . . . . „ 972.—	1 233	—
Beamten-Unterstützungs-Fond		
Vortrag von 1883 . . . ℳ. 79 632.55		
Erträgniß in 1884 . . . „ 3 362.60	82 995	15
Delkredere-Konto	475 000	00
Gewinn- und Verlust-Konto	928 376	17
	42 065 102	73

Vorschuß- und Kreditvereine im Handelskammerbezirke Karlsruhe im Jahre 1884.

a. Vorschuß- und Kontokorrentgesellschaft.

Sitz und Name des Vereins.	Zahl der gemachten Personen (Mitglieder)	Gewährte Vorschüsse.					Kontokorrentverkehr mit Mitgliedern.		
		Geschäfts- und Guthabekonto bar bezw. Wechsel, Hypotheken etc.	davon im Rechnungs-jahr gezahlte Vorschüsse.		Prolongationen von früheren und bezahlte zu Vorschüssen.		Zahl der Konten.	Einnahmen.	Ausgaben.
	Zahl.	Mark.	Zahl.	Betrag.	Zahl.	Betrag.		Mark.	Mark.
Breten, Vorschußverein	6 476	2 970 195	445	418 111	5 631	1 952 084	73	2 083 368	2 023 364
Bruchsal, Gewerbebank	1 784	1 193 304	1 416	952 504	968	241 000	105	2 936 667	2 655 173
Durlach, Volksbank	209	90 683	135	31 744	74	58 939	44	650 444	477 528
Eggenstein, Spar- und Darlehens-kassenverein	197	63 681	61	26 841	136	35 840	1	33 700	21 756
Ettlingen, Vorschuß- u. Sparverein	1 637	584 720	1 038	384 851	599	199 869	74	789 849	845 449
Karlsruhe, Vereinsbank	2 574	1 986 725	1 731	1 311 973	843	674 752	340	9 504 084	9 303 292
Langensteinbach, Vorschußverein	1 224	571 669	430	246 478	325	325 191	6	124 668	142 500
Liedolsheim, Darlehenskassenverein	202	59 646	34	9 832	168	49 814	—	—	—
Malsch, Vorschußverein	298	106 720	38	37 262	240	69 458	—	—	—
Mühlburg, Spar- und Vorschuß-verein	2 620	1 143 333	1 910	725 233	680	416 000	40	914 010	932 360
Oestringen, Volksbank	760	655 256	280	115 820	490	549 436	22	313 020	283 217

† Das Rechnungsjahr läuft vom 1. Juli.

Vorschuß- und Kreditvereine im Handelskammerbezirke Karlsruhe im Jahre 1884.

b. Umsatz, Gewinn und Verlust. Mitglieder.

Sitz und Name des Vereins.	Gesammt-Umsatz oder Gesammt-Verkehr.		Ver-luste.	Rein-gewinn.	Zahl der Mitglieder.			
	Einnahmen.	Ausgaben.			Zu Anfang des Rechnungs-jahrs.	Zugang.	Abgang.	Zu Ende des Rechnungs-jahrs.
	11.	12.	13.	14.	15.	16.	17.	18.
	Mart.	Mart.	Mart.	Mart.				
Breiten, Vorschußverein . . .	9 127 781	9 107 126	6 357	35 114	2 023	111	117	2 017
Bruchsal, Gewerbebank . . .	6 939 036	6 839 673	—	5 257	383	53	43	393
Durlach, Volksbank	1 457 731	1 454 196	—	3 454	368	24	12	380
Eggenstein, Spar- und Darlehens-kassenverein	110 639	107 639	—	663	209	13	6	216
Ettlingen, Vorschuß- u. Sparverein	4 088 027	4 083 459	793	3 775	430	47	45	432
Karlsruhe, Vereinsbank . . .	22 107 309	22 141 884	—	19 338	1 602	227	124	1 705
Langenbrücken, Vorschußverein .	1 831 789	1 831 789	—	9 289	619	64	25	638
Liedolsheim, Darlehenskassenverein	32 960	31 669	—	5 704	174	4	2	176
Malsch, Vorschußverein(†) . .	57 112	54 836	—	1 306	46	4	5	45
Mühlburg, Spar- und Vorschuß-verein	2 009 559	1 995 918	—	11 711	629	62	144	547
Oetzingen, Volksbank(†) . . .	893 380	884 821	879	18 937	990	34	51	917

†) Das Rechnungsjahr läuft vom 1. Juli.

Vorschuß- und Krediturvereine im Handelskammerbezirke Karlsruhe im Jahre 1884.

c. Bilanz am Schlusse des Rechnungsjahres.

a. Aktiva.

Sit und Name des Vereins.	Kassenbestand.			Guthaben und Forderungen							Einnahmereste aus dem abgelaufenen Rechnungsjahre.	Werth des Geschäfts-Inventars.	Werth der Grundstücke.	Summe der Aktiva (Spalte 19 bis 30).

(Tabelleninhalt stark beschädigt und nicht zuverlässig lesbar.)

† Das Rechnungsjahr läuft vom 1. Juli.

Vorschuß- und Kreditvereine im Handelskammerbezirke Karlsruhe im Jahre 1884.

Nach c. Bilanz am Schluße des Rechnungsjahres.

b. Passiva.

Sitz und Name des Vereins	Geschäftsantheile der (Ver)theilten Mitglieder	Bestand des Reserve- fonds	aus Anleihen von Privaten	aus Spar- einlagen	an die Genossenschaftler — Mitglieder	an die Genossenschaftler — Nichtmit- glieder	an Banken und Vereine	Einge- gahlte rte.	Unver- theilter Rein- gewinn.	Son- stige	Summe der Passiva (von Spalte 33 bis 41).
	33. Mark.	33. Mark.	34. Mark.	35. Mark.	36. Mark.	37. Mark.	38. Mark.	39. Mark.	40. Mark.	41. Mark.	42. Mark.
Bretten, Vorschußverein	510 300	90 565	711 250	453 255	74 524	—	176 691	3 616	34 114	1 000	1 502 082
Bruchsal, Gewerbebank	45 072	8 374	144 159	36 494	7 082	—	116 667	729	5 257	34 480	815 195
Durlach, Volksbank	48 257	5 685	74 145	41 912	41 912	—	3 538	—	3 454	151	213 583
Eggenstein, Spar- u. Dar- lehenskassenverein	—	12 149	64 241	61 854	—	—	2 370	—	—	—	85 158
Ettlingen, Vorschuß- und Sparverein	76 195	12 595	292 738	5 999	34 653	—	—	13 205	4 504	839	440 093
Karlsruhe, Gewerbebank	752 687	107 659	604 340	189 048	401 273	—	6 213	43 035	4 366	—	2 114 694
Langenbrücken, Vorschuß- verein	68 062	19 000	—	403 112	—	—	58 017	2 970	368	866	552 395
Sieboldsheim, Darlehens- kassenverein	12 769	—	43 083	—	—	—	7 979	608	—	—	64 449
Walish, Vorschußverein	2 483	10 652	68 934	—	—	—	1 875	—	—	89	84 032
Wößburg, Spar- u. Vor- schußverein	188 181	33 454	27 188	261 910	89 601	—	21 945	—	874	—	573 563
Oestringen, Volksbank	208 437	40 000	—	573 941	47 217	—	—	576	18 927	—	849 097

r Das Rechnungsjahr läuft vom 1. Juli.

(Fortſetzung von Seite 99.)

Summe der bewilligten Darlehen	1883:	1884:
a. gegen einfache Bürgſchaft . . .	M. 346 780	336 590
b. „ doppelte Bürgſchaft . . .	„ 132 560	106 600
c. „ Werthpapiere	„ 48 550	19 900
	M. 526 890	463 000

Darlehen wurden abgelehnt	1883:	1884:
a. gegen einfache Bürgſchaft	404	353
b. „ doppelte Bürgſchaft	30	26
c. „ Werthpapiere	—	1
	434	380

Städtiſche Hypothekenbank Karlsruhe. Die ſtädtiſche **Hypothekenbank** dahier hatte im Jahre 1884 folgenden Geſchäftsverkehr:

An ſtatutenmäßigen Darlehen verabfolgte ſie den Betrag von M. 16 800, wogegen ihr von den früher gegebenen Darlehen durch regelmäßige Tilgung der Betrag von M. 17 445.36 zurück-bezahlt wurde. An Schuldverſchreibungen (Pfandbriefen) gab ſie für M. 16 800 aus und löſte für M. 34 000 ausgelooſte Obli-gationen ein. Die eingegangenen Aktivkapitalzinſen belieſen ſich auf M. 28 940.20, die bezahlten Paſſivkapitalzinſen dagegen auf M. 26 817.75.

Die Bilanz der Bank ſtellte ſich auf 31. Dezember 1884, wie folgt, dar:

I. Aktiva.

Statutenmäßige Darlehen (Hypotheken) . . .	M.	584 511.69
Stückzinſen daraus pro 31. Dezember 1884 . .	„	5 135.75
Guthaben bei der Sparkaſſe	„	34 062.11
Inventarien	„	14.66
Kaſſenvorrath	„	490.30
	M.	624 214.51

II. Passiva.

Umlaufende Partialobligationen (Pfandbriefe) . M. 596 500.00
Stückzinsen daraus pro 31. Dezember 1884 . „ 11 184.37
Unerhobene Kupons . . . . „ 166.50
Reservefond . . . . „ 16 363.64

M. 624 214.51

Bei der städtischen **Pfandleihkasse** dahier gestaltete sich der Geschäftsverkehr im Jahre 1884 folgendermaßen: Städtische Pfandleihkasse zu Karlsruhe.

Gewöhnliche Pfänder wurden

neu eingesetzt . . 32 843 Stück gegen 29 826 Stück in 1883
erneuert . . . . 4 023 „ „ 4 553 „ „ „
ausgelöst . . . . 30 128 „ „ 25 815 „ „ „
versteigert . . . 1 977 „ „ 2 118 „ „ „
geschäftlich behandelt wurden im Ganzen } 68 971 Stück gegen 62 312 Stück in 1883.

Der Pfänderverkehr des Jahres 1884 übersteigt demnach jenen des Vorjahres um 6 659 Stück. Die neu gegebenen Darlehen auf gewöhnliche Pfänder erreichten die Höhe von M. 192 161, während die zurückbezahlten Darlehen sich nur auf M. 191 155 beliefen. Das Pfänderkapital erfuhr dadurch eine Erhöhung um M. 1 006; es betrug Ende 1884 M. 111 684 gegen M. 110 671 Ende 1883. Der Bestand an Pfändern erhöhte sich von 15 611 Stück auf 16 349 Stück, also um 738 Stück.

Auf **Werthpapiere** wurden 426 Darlehen im Betrage von M. 162 273 gegeben, wogegen 443 Darlehen im Betrage von M. 192 297 zurückbezahlt wurden. Am Schlusse des Jahres liefen noch 353 Darlehen mit einem Kapitalbetrage von M. 165 457 gegen 370 Darlehen mit M. 190 481 Ende 1883.

Bei der städtischen **Sparkasse** dahier fanden im Jahr 1884 statt: 11914 Einlagen mit M. 1 545 632.08 gegen 11024 Einlagen mit M. 1 513 657.78 in 1883, 5 885 Rückzahlungen mit M. 1 290 021.55 gegen 5578 Rückzahlungen mit M. 1 365 222.91 in 1883, zusammen 17799 Geschäftsposten mit M. 2 835 653.63 gegen 16 602 Geschäftsposten mit M. 2 878 880.69 in 1883. Städtische Sparkasse zu Karlsruhe.

Der Betrag der Einlagen des Jahres 1884 übersteigt jenen der Rückzahlungen um M. 255 610.53. Hierzu kommen noch die den Einlegern für das Jahr 1884 gutgeschriebenen Zinsen mit M. 138 602.78, so daß sich das Guthaben der Sparkasseneinleger im Jahre 1884 um M. 394 213.31 erhöhte. Es betrug am Schlusse des Jahres 1884: M. 4 573 043.06 gegen M. 4 178 829.75 Ende 1883. Die Zahl der Einleger stieg von 6 600 auf 7 176.

Städtische
Schulsparkasse
zu Karlsruhe.
Bei der städtischen Schulsparkasse dahier wurden im Jahr 1884

eingelegt . . M. 17 229.11 gegen M. 15 774.06 im Jahr 1883,

zurückgenommen „ 2 364.20 „ „ 2 506.23 „ „ „

Zinsen gutge- } „ 3 330.50 „ „ 2 771.70 „ „ „
schrieben

Das Guthaben der Einleger erhöhte sich von M. 102 127.94 auf M. 120 323.35 und die Zahl der Einleger von 5270 auf 5667.

Der Vermögensstand der Schulsparkasse am 31. Dezember war folgender:

I. Aktiva.

Darlehen auf Pfandurkunden (Hypotheken) . . M. 116 500.00

Stückzinsen daraus pro 31. Dezember 1884 . „ 970.95

Einnahmerückstände . . . . „ 1 032.14

Werth der Inventarien . . . . . . „ · 70.30

Kassenvorrath . . . . „ 2 973.56

M. 121 546.95

II. Passiva.

Guthaben der Einleger . M. 120 323.35

Ausgabe und Rückstände . „ 996.13 = M. 121 319.48

III. Reines Vermögen.

M. 227.47

15. Versicherungswesen.

Feuerversicherung.
Bei der Staatsanstalt des Großherzogthums für Versicherung von Gebäuden gegen Feuerschaden stellt sich der

Einschätzungswerth sämmtlicher, gemäß Gesetzesvorschrift beitrags-
pflichtiger Gebäude am 1. Januar 1885 auf M. 1 537 728 660
gegen M. 1 510 704 330 am 1. Januar 1884. Es haben mithin
im letzten Jahre die zur Staatsbrandklasse eingeschätzten Gebäude-
werthe um M. 27 024 330 zugenommen.

Bezüglich der im Großherzogthum zum Geschäftsbetriebe
zugelassenen Privatversicherungsgesellschaften enthält
die nachfolgende Tabelle die hauptsächlichsten Angaben für die
beiden letzten Jahre.

(Siehe dieselbe auf Seite 110.)

Die Lebensversicherung ist das Hauptgeschäft der Allgemeinen Versorgungsanstalt im Großherzogthum Baden dahier, deren
Gesammtvermögen am Schlusse des Jahres 1884 M. 42 109 857.77
beträgt gegen M. 38 221 201.72 Ende 1883.

Aus dem neuesten Rechenschaftsberichte der Anstalt entnehmen
wir zunächst die nachstehende, den Zeitraum von 1864 bis 1884
umfassende Uebersicht der Ergebnisse der Lebensversicherung.

(Siehe dieselbe auf Seite 111.)

Im Jahr 1884 kamen bei der Lebensversicherung ein: 5 756
neue Anträge mit M. 23 381 789.77, von bereits versicherten
Personen 150 Anträge mit M. 181 866.26, zusammen 5906
Anträge mit M. 23 563 656.03.

Davon wurden abgelehnt 865 Verträge mit M. 3 597 318
und wieder zurückgezogen 116 Verträge mit M. 490 000.

Bestand am Schlusse des Jahres 1883: 35 500 Verträge
mit M. 142 408 842.48 versichertem Kapital.

Zugang im Jahre 1884 an neuen Versicherungen 4 925
Verträge mit M. 19 476 338.03.

Abgang im Jahre 1884: 1 191 Verträge mit M. 4 392 961.24.

Bestand am 31. Dezember 1884: 39 234 Verträge mit
M. 157 492 219.27 Kapital.

Also reiner Zuwachs 3 734 Verträge mit M. 15 083 376.79
Kapital.

Durchschnittliche Versicherungssumme der angenommenen Verträge M. 3 954.

(Fortsetzung auf Seite 112.)

Im Großherzogthum zum Geschäftsbetriebe zugelassene Privat-feuerversicherungsgesellschaften nach dem Stande vom 31. Dezember 1884 und 1883.

Versicherungsanstalten.	Versicherte Summe für Mobiliar und für Gebäudefünftel auf 31. Dezember		Bezahlte Brandentschädigungen im Jahre	
	1884.	1883.	1884.	1883.
1.	2.	3.	4.	5.
	Mark.	Mark.	Mark.	Mark.
Aachen-München	106 118 035	103 440 927	60 964	58 092
Altonaer Assekur.-Verein . .	6 781 314	6 445 086	3 703	3 581
Basler Gesellschaft . . .	74 928 743	70 168 095	57 697	61 127
Berlin-Kölnische Feuer-Versicherungs-Aktiengesellschaft	4 564 837	5 714 973	18 028	17 043
Berlinische Gesellschaft . .	44 970 258	44 172 458	24 340	19 469
Colonia	131 499 343	132 672 382	45 922	110 879
Elberfelder Gesellschaft . .	123 237 146	121 010 106	65 298	88 817
Gladbacher Gesellschaft . .	11 395 006	10 907 750	3 610	1 685
Gothaer Bank	135 331 000	129 715 000	17 761	20 426
Hamburger-Bremer Feuerversicherungs-Gesellschaft in Hamburg	1 695 300	138 718	—	neu
Helvetia	83 031 683	77 767 978	66 040	93 614
Hypotheken- und Wechselbank, Bayerische, in München .	31 626 910	32 539 125	32 301	41 113
Leipziger Gesellschaft . .	41 928 612	39 847 765	17 306	6 049
Magdeburger Gesellschaft .	91 000 410	89 180 000	122 542	79 541
Norddeutsche Feuerversicherungs-Gesellschaft in Hamburg	5 014 253	3 180 183	3	—
Nord Britih	60 655 813	58 410 679	33 903	19 644
Oldenburger Vers.-Gesellsch. .	386 197	142 495	—	neu
Phönix, Deutscher . . .	324 077 341	321 341 936	188 053	167 017
Phönix, Französischer . .	87 397 108	89 892 957	72 793	59 899
Phönix, Londoner, Feuer-Assekuranz-Societät . . .	2 883 855	—	neu	—
Providentia	66 595 240	66 208 919	47 356	27 070
Silesia	54 408 694	48 386 881	28 744	34 154
Stettiner Gesellschaft . .	46 983 247	47 002 809	24 956	9 600
Thuringia	45 908 042	44 257 351	48 764	37 094
Transatlantische F.-V.-Aktien-Gesellsch. in Hamburg	7 909 716	5 858 135	25 019	9
Union, Allg. Versich.-Aktien-Gesellschaft in Berlin	17 973 097	17 656 611	17 585	6 840
Westdeutsche Bank . . .	15 765 661	13 638 494	24 971	4 284

Ergebnisse der Lebensversicherung bei der Allgemeinen Versorgungsanstalt im Großherzogthum Baden zu Karlsruhe in den Jahren 1864—1884.

Jahre	Anzahl der bestehenden Verträge	Versichertes Kapital	Jahres-Prämien	Einmalige Einlagen	Ausgaben für Sterbefälle	Deckungs-Kapital	Reserve (Sicherheitsfond)	Vertheilte Dividende	Reserve in % des Deckungskapitals	
									vor der Vertheilung	nach der Vertheilung
		Mark.	Mark.	Mark.	Mark.	Mark.	Mark.	Mark.		
1864	20	98 547	3 875	2 469	—	5 171	734	—	—	—
1865	104	473 696	15 713	41	—	17 790	4 318	—	—	—
1866	295	1 306 328	38 038	20 344	1 714	67 462	12 066	—	—	—
1867	733	3 110 127	89 334	839	29 244	132 143	9 928	—	7,0	7,0
1868	1 713	5 936 044	167 986	—	12 643	240 876	52 934	2 336	21,9	21,0
1869	3 564	11 513 407	328 066	6 416	81 929	464 436	86 001	5 954	18,8	17,5
1870	4 613	15 097 121	447 572	—	153 249	706 502	116 839	11 686	16,5	14,9
1871	5 928	17 950 073	502 647	1 975	166 844	977 986	175 188	23 142	17,8	15,0
1872	7 249	22 434 615	646 534	572	218 344	1 316 779	243 940	42 866	18,8	16,6
1873	8 060	27 413 514	769 902	—	150 235	1 707 218	408 654	77 142	29,0	19,4
1874	9 849	34 513 979	954 328	799	310 697	2 216 971	499 089	111 653	22,6	17,5
1875	12 225	42 946 742	1 201 912	400	411 079	2 842 918	568 313	137 459	19,9	15,1
1876	14 830	53 624 049	1 518 074	5 834	372 585	3 681 630	720 294	165 976	19,4	16,1
1877	17 824	64 970 733	1 951 037	9 040	568 182	4 759 689	825 584	196 221	17,3	13,4
1878	20 576	79 150 325	2 334 098	23 138	550 712	5 970 511	1 167 436	230 642	19,4	15,7
1879	23 076	89 642 044	2 633 351	99 790	699 503	7 333 019	1 539 081	267 262	20,0	17,0
1880	25 578	100 498 403	3 012 478	35 450	769 526	8 892 138	2 021 181	310 842	22,7	17,9
1881	28 504	112 633 694	3 436 334	42 043	882 284	10 649 294	2 503 389	360 650	23,5	20,1
1882	31 707	120 905 128	3 908 102	72 576	912 362	12 721 360	3 143 500	398 560	24,7	21,0
1883	33 500	142 408 842	4 426 732	117 656	1 204 843	15 175 142	3 722 917	484 014	24,5	21,5
1884	39 234	157 492 219	4 906 075	73 291	1 144 343	17 906 271	4 644 945	578 941	25,4	22,1

(Fortsetzung von Seite 109.)

Die erwartungsgemäße Sterblichkeit für 1884 berechnete sich auf 407 Personen mit einem versicherten Kapital von M. 1 713 325.04; es starben aber nur 303 Personen mit 320 Policen und einem versicherten Kapital von M. 1 133 820.44, somit weniger 104 Personen mit M. 579 504.60 versichertem Kapital.

16. Oeffentliche Abgaben und Lasten.

Steuergefälle.

Eine übersichtliche Darstellung der in den Hauptorten unseres Bezirts in den Jahren 1881—1884 entfallenen direkten und indirekten Staatssteuern enthält die Tabelle auf Seite 113.

17. Verschiedenes.

Handelsschule zu Karlsruhe.

Die Zahl der Schüler der hiesigen Handelsschule betrug am Anfang des Schuljahres 1883/84 : 76, am Schlusse desselben 74.

Gewerbschule zu Durlach.

In der Gewerbeschule zu Durlach betrug die Schülerzahl am Schlusse des Schuljahres 1884/85 im Ganzen 44; darunter befanden sich 8 Gäste.

Gewerbschule zu Ettlingen.

Die Gewerbeschule zu Ettlingen zählte im Schuljahre 1884/85 78 Schüler, davon waren 27 Gäste; 24 Schüler sind im Laufe des Jahres wieder ausgetreten. Die Schüler haben wöchentlich 10 Stunden Unterricht.

Gewerbschule zu Karlsruhe.

Die hiesige Gewerbeschule wurde am Schlusse des Schuljahres 1883/84 von 205, am Schlusse des Schuljahres 1884/85 von 224 Schülern besucht.

Auf die einzelnen Gewerbezweige vertheilen sich die Besucher der Anstalt wie folgt:

I. Steinarbeiter.		II. Metallarbeiter.	
Maurer	18	Schlosser und Schmiede	90
Bild- und Steinhauer	10	Blechner und Installateure	16
Hafner	1	Büchsenmacher	1
Kaminfeger	1	Gürtler	1

(Fortsetzung auf Seite 114.)

Steuergefälle an den bedeutendsten Orten des Handelskammerbezirks Karlsruhe in den Jahren 1881—1884.

Städte	I. Direkte Steuern.			II. Indirekte Steuern.										Summe von 5—13.
	Grund-, Gebäude- und Gewerbesteuer nicht Zuschlägen	Steuernachtrag	Capitalrenten-steuer	Wehraccise	Vermiethgeld, Accisen und Pattentgebühr	Biersteuer von		Branntwein-steuer von		Schlachtvieh-accise von		Liegenschafts-, Erbschafts- und Schenkungssteuer	
						inländ. Bieren	eingef. Bieren	inlän- bildern	eingef. fabriten	im Inland geschlacht. tem Vieh	eingeführ-tem Fleisch		
						Bier		Branntwein					
	2.	3.	4.	5.	6.	7.	8.	9.	10.	11.	12.	13.	14.
	Mark.	Mark.	Mark.	Mark.	Mark.	Mark.	Mark.	Mark.	Mark.	Mark.	Mark.	Mark.	Mark.
Bretten 1881	24 350	647	5 172	5 216	1 543	11 196	6 620	144	649	2 454	2	4 152	36 941
1882	24 436	462	4 954	3 001	834	12 478	5 016	141	977	2 610	—	3 660	31 296
1883	24 396	544	5 126	3 100	1 349	10 430	4 971	124	719	2 106	—	3 343	27 449
1884	21 897	728	1 649	3 040	1 011	8 430	5 513	250	604	1 903	2	2 756	27 151
Bruchsal 1881	62 061	741	12 819	11 126	2 453	65 130	1 170	1 043	56 946	9 330	—	15 624	154 613
1882	67 945	1 960	12 728	9 651	3 179	52 160	728	2 266	35 653	9 018	12	20 033	156 264
1883	71 351	1 724	12 954	12 515	5 914	56 669	1 052	4 006	7 027	4 606	2	16 466	199 066
1884	72 519	1 505	12 801	13 575	6 162	50 116	1 030	4 018	31 591	7 932	—	13 402	187 351
Durlach 1881	36 959	760	10 146	7 542	1 694	34 651	16	161	821	3 991	—	12 691	68 498
1882	35 600	426	9 632	7 301	1 932	32 110	90	103	2 663	3 664	2	14 587	39 130
1883	38 638	343	9 377	7 760	8 643	33 601	176	111	1 261	8 618	—	3 487	60 565
1884	39 584	330	8 696	7 743	3 578	84 691	85	191	1 384	3 694	—	5 543	56 319
Ettlingen 1881	43 409	624	6 146	4 894	1 493	17 271	848	345	9 774	4 387	5	9 571	82 091
1882	67 157	513	5 919	4 427	2 145	11 779	261	449	9 913	4 654	9	14 011	49 720
1883	44 763	5 001	3 772	4 591	1 863	10 650	86	241	7 726	4 474	8	4 636	39 640
1884	45 999	883	5 965	3 679	1 580	13 069	23	216	1 983	4 189	2	4 536	39 654
Karlsruhe 1881	320 722	7 697	306 791	34 869	81 880	445 547	4 640	744	89 684	50 911	801	269 099	763 186
1882	329 304	5 023	635 461	37 713	18 167	430 602	6 351	197	34 628	51 025	574	405 346	1 151 516
1883	406 449	8 668	255 892	39 063	21 718	542 353	657	391	36 719	49 064	744	273 345	932 354
1884	418 844	16 410	853 775	6 786	8 810	539 097	20 170	489	93 495	192 63	119	187 681	904 191
Mühlburg 1881	15 431	503	1 496	2 415	990	64 663	—	5	839	2 627	29	2 659	77 251
1882	14 019	657	1 461	1 552	467	67 169	—	24	65	2 111	2	1 823	76 986
1883	16 628	1 143	1 854	1 991	360	24 100	—	17	—	1 930	—	2 826	67 448
1884	15 773	252	1 343	2 375	905	28 901	—	—	92	1 698	7	6 819	91 335

8

(Fortsetzung von Seite 112.)

Metalldreher	9
Mechaniker	9
Uhrmacher	5
Gold- und Silberarbeiter	5
Brunnenmacher	1

III. Holzarbeiter.

Zimmerleute	5
Schreiner und Glaser	41
Holz- und Hornbreher	9
Holzbildhauer	5
Küfer	3
Wagner	2

IV. Ausstattungsgewerbe.

Schneider	2
Vergolder	1
Sattler und Tapeziere	6
Flachmaler und Tüncher	22
Porzellan- und Glasmaler	4
Buchbinder	8
Lithographen und Zeichner	7
Graveure	3
Photographen	2
Gärtner	4
Friseur, Kellner, Konditor und ohne Gewerbe	10
zusammen	301

Das Contingent der Stadt Mühlburg ist 22 Schüler, davon gehen 12 in Mühlburg in die Lehre. Die Großh. Eisenbahnwerkstätte dahier stellte 21, die Maschinenbaugesellschaft ebenfalls 21 Schüler.

Die Unterrichtszeit für jeden Schüler umfaßt wöchentlich

Klasse	Fach	Stunden
I. Klasse	Arithmetik und Geometrie bezw. Mechanik	3 Stunden
II. "		3 "
III. "		1½ "
I. "	Geschäftsaufsatz bezw. Buchführung und Wirthschaftslehre	1½ "
II. "		1½ "
III. "		3 "
I. "	Geometrisches-, Freihand- und Fachzeichnen	5 "
II. "		7 "
III. "		7 "
I. "	Modelliren	1½ "
II. "		1½ "
III. "		1½ "

somit, das Schuljahr zu 36 Unterrichtswochen gerechnet (in der

Regel 13 im Sommer- und 23 im Winterſemeſter), jährlich in der I. Klaſſe 396, in der II. und III. Klaſſe je 468 Stunden.

Beim hieſigen Landgerichte, Kammer für Handelsſachen, ſind im Jahre 1884 anhängig geworden:

1) gewöhnliche Prozeſſe 356
2) Urkundenprozeſſe und Wechſelprozeſſe 227
   darunter 222 Wechſelprozeſſe.
3) Arreſte und einſtweilige Verfügungen 16

zuſammen . 599

Mündliche Verhandlungen haben ſtattgefunden in Sachen, welche anhängig gemacht worden ſind:

a. in früheren Jahren 127
b. im laufenden Jahr 673

zuſammen . 800

Die Ergebniſſe der mündlichen Verhandlungen ſind:

1) für gewöhnliche Prozeſſe:
   a. Endurtheile auf Verſäumniß, Verzicht, Anerkenntniß und bedingte Endurtheile 174
   b. andere Endurtheile 66
   c. Zwiſchenurtheile . . . . —
   d. Vergleiche 5
   e. Beweisbeſchlüſſe 59
   f. Anordnung eines vorbereitenden Verfahrens nach
      §. 313 der C.-P.-O. 3
   g. anderweitige Ergebniſſe 252

zuſammen . 559

2) für Urkunden- und Wechſelprozeſſe:
   a. Endurtheile auf Verſäumniß, Verzicht, Anerkenntniß 165
   b. andere Endurtheile 16
   c. Vergleiche . . . . —
   d. Beweisbeſchlüſſe 14
   e. anderweitige Ergebniſſe 61

zuſammen . 256

3) Arreſte 1

8*

Zahlungsbefehle, Vollstreckungsbefehle, Fahrnißpfändungen, Liegenschaftsvollstreckungen, Konkurse, Wechselproteste.

Die Zahl der bei den Amtsgerichten unseres Bezirks in den Jahren 1880—1884 erlassenen Zahlungs- und Vollstreckungsbefehle, der verlangten und vollzogenen Fahrnißpfändungen, der vollzogenen Liegenschaftsvollstreckungen, der eröffneten Konkurse und aufgenommenen Wechselproteste war folgende:

Amtsgerichte.		Erlassene Zahlungs- / Vollstreckungs- Befehle.		Verlangte / Vollzogene Fahrnißpfändungen.		Vollzogene Liegenschaftsvollstreckungen.	Eröffnete Konkurse.	Aufgenommene Wechselproteste.
Bretten	1880	1 736	698	620	15	46	4	42
	1881	1 574	456	572	89	84	2	87
	1882	1 132	365	453	42	44	—	18
	1883	966	333	421	35	27	2	15
	1884	827	225	400	36	21	4	46
Bruchsal *)	1880	5 429	2 202	2 167	208	78	9	301
	1881	4 721	1 790	1 552	111	156	9	122
	1882	4 619	1 314	?	71	100	9	154
	1883	2 498	669	?	57	36	7	135
	1884	1 830	531	927	57	36	7	185
Durlach	1880	2 017	746	407	46	64	2	59
	1881	1 674	669	464	34	61	1	87
	1882	1 737	514	549	38	37	—	78
	1883	1 515	465	589	45	27	—	49
	1884	1 188	405	487	20	21	2	84
Ettlingen	1880	1 759	625	705	73	50	2	27
	1881	1 517	461	716	64	57	—	82
	1882	1 412	415	676	53	41	1	52
	1883	1 364	346	648	65	22	2	67
	1884	1 089	269	586	40	15	1	86
Karlsruhe	1880	4 451	1 577	2 529	162	60	23	1 475
	1881	4 081	1 480	3 062	153	131	8	1 604
	1882	4 027	1 402	2 923	156	100	13	1 800
	1883	3 614	1 191	3 543	191	71	27	1 718
	1884	3 351	1 025	3 666	140	61	21	1 315

*) Die Zahlen für das Amtsgericht Bruchsal aus dem Jahre 1884 sind mit denen aus den übrigen Jahren nicht unmittelbar vergleichbar, da im Jahre 1884 ein neues Amtsgericht mit dem Sitze in Philippsburg gebildet wurde, zu dessen Bezirk auch Ortschaften von dem bisherigen Amtsbezirke Bruchsal kamen.

Den Zu- und Abgang, sowie die Hauptausbesserungen an Gebäuden in den Hauptorten unseres Bezirks im Jahre 1884 veranschaulicht folgende Zusammenstellung: *Neubauten und Bauveränderungen.*

Städte.	Hauptgebäude			Nebengebäude			Hauptausbesserungen an	
	Zugang (ganze Neu- und Erweiterungsbauten).	Abgang durch Abbruch.	Feuer.	Zugang (ganze Neu- und Erweiterungsbauten.)	Abgang durch Abbruch.	Feuer.	Haupt-	Neben-Gebäuden.
Bretten .				11	4		4	3
Bruchsal .	18	12		44	27		9	14
Durlach .	9		1	16	2	4		3
Ettlingen .	10	8	1	15	7	1	2	4
Karlsruhe .	66	7	—	63	1	1	3	78
Mühlburg .	10			16	3		—	—

Auf den in unserem Bezirke im Jahre 1884 abgehaltenen Viehmärkten waren aufgestellt: *Thiermärkte.*

In	Pferde	Fohlen	Groß-rindvieh	Klein-rindvieh	Schweine	Schaafe	Zie-gen
Bretten .	—	—	11 686	2 737	6 760	—	—
Bruchsal . .	—	—	5 292	1 298	9 575	—	—
Durlach . . .	20	—	2 191	560	10 103	80	—
Ettlingen . . .	903	30	5 235	526	· ·	11	1
Malsch	20	80	120	40	—	—	—

Im städtischen Schlachthause dahier wurden an Großvieh im Jahre 1884 geschlachtet und der Beschau unterzogen: *Schlachtungen.*

im Monat	Ochsen	Kühe	Rinder	Farren	zusammen Stück
Januar .	109	192	234	104	729
Februar .	174	198	249	73	694
März . . .	175	198	253	91	717
April . . .	176	188	227	88	679
Mai . . .	178	191	249	101	719
Uebertrag . .	902	967	1 212	457	3 538

im Monat	Ochsen	Kühe	Rinder	Farren	zusammen Stück
Uebertrag .	902	967	1 212	457	3 538
Juni .	160	182	236	105	683
Juli . . .	180	139	269	139	727
August . .	148	101	279	159	687
September .	169	113	285	145	712
Oktober . .	198	136	300	148	782
November .	187	131	267	130	715
Dezember . .	217	155	285	123	780
zusammen	2 161	1 924	3 133	1 406	8 624
im Jahr 1883	2 153	2 132	2 892	1 331	8 508
also 1884 mehr	8	—	241	75	116
„ „ weniger	—	208	—	—	—

Nimmt man das durchschnittliche Fleischgewicht eines Ochsen
zu 337½ Kilo, einer Kuh zu 200 Kilo, eines Rindes zu 175
Kilo, eines Farren zu 375 Kilo an, so kommt man zu einem
Gesammtgewicht geschlachteter Großviehstücke von 2 189 662.5 Kilo
im Jahre 1884 gegenüber 2 158 262.5 Kilo im Jahre 1883 oder
zu einem Mehr von 31 400 Kilo im Jahr 1884.

Von den in vorstehender Tabelle bezeichneten Großschlacht-
viehstücken mußten auf Grund der bestehenden Fleischbeschauordn-
nung 18 Thiere wegen Krankheitszuständen, welche den Genuß
des Fleisches nicht ausschließen, auf der sogenannten Freibank
(Verkaufsstelle für nothgeschlachtete Thiere) als nicht bankwürbige
Waare um einen der Qualität entsprechenden Minderwerth verkauft werden und zwar 1 Ochse, 16 Kühe, 3 Rinder.

Als ungenießbar wurden erklärt 2 Kühe, sowie von 247
Schlachtviehstücken, welche sich jeweils in ausgemästetem Zustande
befanden und deßhalb als bankwürbige Waare bezeichnet werden
konnten, verschiedene krankhaft entartete Eingeweide und Fleisch-
theile.

Zwei in den Stallungen des städtischen Schlachthauses ein-
gestellte Schlachtviehstücke, die von krankhaftem Ansehen gewesen,
wurden auf Grund der bestehenden Schlachthausordnung von der
Schlachtung zurückgewiesen und aus hiesiger Stadt entfernt.

An Kleinvieh wurden im Jahr 1884 geschlachtet und der Beschau unterworfen:

im Monat	Schweine	Kälber	Hammel	zusammen Stück
Januar . . .	1 387	1 133	77	2 597
Februar . .	1 312	1 112	76	2 500
März	1 270	1 027	135	2 432
April	1 365	1 219	133	2 717
Mai	1 344	1 230	137	2 711
Juni	1 208	1 223	112	2 543
Juli	1 097	1 185	139	2 421
August	1 152	1 075	113	2 340
September . . .	1 379	1 106	125	2 610
Oktober	1 557	1 171	111	2 839
November . . .	1 509	1 068	108	2 685
Dezember . . .	1 524	1 298	135	2 957
zusammen .	16 104	13 847	1 401	31 352
im Jahr 1883 .	14 752	13 759	1 315	29 826
also 1884 mehr . .	1 352	88	86	1 526
„ „ weniger .	—	—	—	—

Wird das durchschnittliche Fleischgewicht eines Schweines zu 65 Kilo, eines Kalbes zu 27 Kilo und eines Hammels zu 20 Kilo angenommen, so kommt man zu einem Gesammtgewichte geschlachteter Kleinviehstücke von 1 448 649 Kilo.

Vier Schweine wurden als ungenießbar erklärt.

Von den Kleinvieh wurden der Freibank zugewiesen bezw. als nicht bankwürdig erachtet 4 Kälber und 2 Schweine.

Zum Zweck des Verkaufs auf den Freibänken (Verkaufsstellen für nicht bankwürdiges Fleisch) wurden von auswärts in hiesige Stadt verbracht: 1 Ochse, 184 Kühe, 4 Rinder, 3 Kälber, 3 Schweine, 1 Hammel, zusammen 196 Thiere.

Von diesen auf den Stationen des städtischen Viehhofs, sowie des Schlachthauses einer nochmaligen Beschau unterstellten Schlachtthieren wurden 9 (6 Kühe, 1 Rind, 1 Kalb und 1 Hammel) als ungenießbar erkannt und deßhalb auf polizeiliche Anordnung konfiszirt.

Vom städtischen Viehhofe wurden 39 Kälber wegen Unreifheit

lebend zurückgewiesen d. h. zum Verkaufe in hiesiger Stadt als unzulässig erachtet und deßhalb unter polizeilicher Aufsicht aus der Stadt entfernt. Außerdem mußten rasch abgeschlachtet werden 40 Thiere (15 Kälber, 19 Schweine und 6 Hämmel); von denselben wurden für ungenießbar erklärt und auf polizeiliche Anordnung konfiszirt 6 Stück (2 Kälber, 3 Schweine und 1 Hammel).

Der größte Theil der am hiesigen Platze dem Verkaufe ausgesetzten Kleinviehstücke wird aus Württemberg und der Rheinpfalz hier eingebracht, der kleinere Theil aus den Amtsbezirken Karlsruhe, Bruchsal, Durlach, Bretten, Ettlingen, Rastatt und Kehl (Lichtenau). Hie und da kommen auch Schweine aus den Amtsbezirken Engen und Stockach zur Schlachtung.

Im Laufe des Berichtsjahres wurden in der von einem hiesigen Metzger im Jahre 1883 auf der Gemarkung Knielingen, in der Nähe der Stadt Mühlburg errichteten Pferdeschlächterei 141 Pferde geschlachtet. Der Nährzustand konnte bei 57 derselben als gut, bei 61 nur als mittelmäßig, bei 25 nur als schlecht bezeichnet werden. Von diesen 141 Schlachtpferden wurden 135 als bankwürdige Waare, 6 als nicht bankwürdige Waare erklärt und 8 wegen allzugroßer Abmagerung sowie sonstiger Krankheit von der Schlachtung zurückgewiesen und dem Wasenmeister zugeführt. Veranlassung zur Schlachtung gaben in 48 Fällen Mängel und Leiden der Extremitäten (Krebs, Spat, Gallen, Sehnenklapp u. s. w.), in 9 Fällen Dämpfigkeit, in 2 Fällen Gehirnleiden, in 13 Fällen verschiedene Untugenden, in 1 Falle Verrenkung der Wirbelsäule, in 67 Fällen hohes Alter. Von der Gesammtzahl waren 37 Stück unter 15 Jahren alt, die übrigen 104 darüber.

Mikroskopische Fleischuntersuchungen wurden im Berichtsjahre von Privaten äußerst wenig begehrt; es hat dies seinen Grund darin, daß die Zufuhr von amerikanischem Fleisch aufgehoben wurde und die Trichinosen-Fälle seltener geworden sind.

An frischem Fleisch wurden in hiesige Stadt eingeführt 242 010 Kilo, an getrocknetem Fleisch und Wurstwaaren 43 349 Kilo, zusammen 286 259 Kilo gegenüber 201 032 ³/₄ Kilo im Jahre 1883, mithin im Berichtsjahre 85 226 ¹/₄ Kilo mehr.

In Bretten wurden bei Metzgern und Wirthen im Jahre 1884 geschlachtet an Großvieh: 3 Ochsen, 2 Kühe, 396 Rinder, 3 Reiblinge und 5 Farren; an Kleinvieh: 306 Kälber, 8 Schafe und 582 Schweine; endlich 2 Pferde.

Ferner wurde das Fleisch von 8 nothgeschlachteten Kühen und 3 Kälbern in Bretten verwerthet.

Außerdem werden aber fast noch in jedem Hause von Privaten ein oder mehrere Schweine zum eigenen Gebrauche geschlachtet, die der Beschau nicht unterworfen sind.

Eingeführt wird in Bretten an Wurstwaaren nur wenig und noch weniger an Fleisch, das in sehr guter Qualität in Bretten selbst zu haben sein soll.

In Durlach wurden im Jahre 1884 geschlachtet an Großvieh 654 Stück (und zwar 98 Ochsen, 95 Kühe, 7 Kalbinnen, 413 Rinder im Alter von 1½—2 Jahren, 41 Farren) im Gesammtgewichte von 138 700 Kilo, an Kleinvieh 2032 Stück (und zwar 882 Kälber, 47 Schafe und 1 103 Schweine) im Gesammtgewichte von 84 540 Kilo.

Auf der Freibank wurde das Fleisch von 11 Stück Vieh im Gewichte von 1600 Kilo zum Genusse verwerthet.

Auswärtige Metzger importirten 9 700 Kilo Rindfleisch nach Durlach und Durlacher Metzger exportirten nach Karlsruhe an Rind-, Kalb- und Schweinefleisch 10 296 Kilo.

In Ettlingen wurden im Jahre 1884 geschlachtet 584 Stück Großvieh und 1 261 Stück Kleinvieh.

Auf der Freibank wurde das Fleisch von 3 nothgeschlachteten Thieren im ungefähren Gewichte von 1 800 Kilo verkauft.

Eingeführt wurden nach Ettlingen gegen 600 Kilo Fleisch von Großvieh und etwa 200 Kilo Wurstwaaren.

In der Mehlhalle dahier waren aufgestellt am 1. Januar 1884.   38 900 Kilo

Mehlhalle zu Karlsruhe.

Einfuhr im Jahre 1884		6 220 247 „
		6 259 147 Kilo
Ausfuhr aus der Halle	52 025 Kilo	
Aufgestellt am 31. Dezbr. 1884	33 800 „	85 825 „
Verbrauch		6 173 322 Kilo.

Das Ottroi für 1884 beträgt M. 74 309.73, das Sack-, Lager- und Waagegeld M. 1528.82.

An Bier wurden nach dem Auslande ausgeführt:

In den Jahren	aus Breiten Liter	aus Bruchsal Liter	aus Durlach Liter	aus Ettlingen Liter	aus Karlsruhe Liter	aus Mühlburg Liter
1880	13 347	1 340	97	36	710 991	30 087
1881	3 634	2 011	2 016	1 600	845 525	24 059
1882	7 398	140	4 382	2 418	1 060 267	22 215
1883	6 798	73	3 163	1 239	1 716 114	55 228
1884	2 250	153	167	1 263	1 604 122	73 572.

Was die gebrauten und aus dem Auslande eingeführten Biermengen betrifft, so liegen hierüber genaue Angaben nicht vor; man berechnet dieselben aus den betreffenden Steuerergebnissen, indem man annimmt, daß je 3³⁄₁₀ Pfennig Steuer (der dermalige Satz der Uebergangssteuer) eine Menge von je 1 Liter gebrautem bezw. eingeführtem Bier darstellen. Wegen der in den betreffenden Städten zu deren Verbrauch eingeführten Biermengen ist aber damit kein sicherer Anhalt gegeben, indem bei der Bestimmung, daß die Uebergangssteuer beim Eintritt über die Landesgrenzen bezw. am Eisenbahn-Abstoßort entrichtet wird, einzelne Plätze mit einer größeren Quote von Uebergangssteuer erscheinen, als es ihrem eigenen Verbrauche entspricht, andere Plätze dagegen eine größere Menge von Bier verbrauchen, als sich dieselbe nach der daselbst entfallenden Uebergangssteuer berechnet.

Im städtischen Gaswerke dahier wurden im Betriebsjahre vom 1. Mai 1883 bis 30. April 1884 3 377 240 Kubikm. Gas erzeugt gegen 3 227 920 Kubikm. im Jahre 1882,83 und dazu verwendet 10 874 100 Kilo Saarkohlen I' Heinitz, 768 800 Kilo Böhmische Kohlen aus der Gegend von Falkenau und 24 940 Kilo Westphälische Kohlen.

Abgegeben wurden von dem erzeugten Gase:

405 243 Kubikm. für öffentliche Beleuchtung in Karlsruhe,
2 495 192 „ „ Privatbeleuchtung in Karlsruhe,
75 344 „ „ öffentl. u. Privatbeleuchtung in Mühlburg.

Von Nebenprodukten wurden verkauft:

5 184 205 Kilo Koke,
871 403 „ Theer,
1 037 180 „ Ammoniakwasser.

Die Zahl der öffentlichen Laternenflammen betrug 1 116; Gasmesser waren am 30. April 1884 3 032 aufgestellt und die Länge der Hauptleitung betrug an demselben Datum 45 472 Meter.

Das städtische Gaswerk Bretten erzeugte im Jahre 1884 an Gas 124 900 Kubikmeter aus 434 760 Kilo Saarkohlen erster Sorte.

Zur öffentlichen Beleuchtung, welche durch 76 Laternen bewirkt wurde, sind 12 790 Kubikm. Gas verwendet worden. Für die Privatbeleuchtung sind 139 Gasmesser aufgestellt. Das Rohrnetz hat eine Länge von 5 200 Meter.

An Koke wurden verkauft 86 000 Kilo, an Theer 27 600 Kilo und an Ammoniakwasser 38 500 Kilo.

Im Gaswerke Durlach wurden im Jahre 1884 erzeugt:

169 221 Kubikmeter Gas,
7 374 Zentner Koke,
751 „ Theer.

Zur Fabrikation wurden 12 509 Zentner Saarkohlen I° aus den Gruben Heiniß-Dechen mit einem Zusatz von 1 000 Zentner Böhmischen Plattenkohlen verwendet.

Für die Straßenbeleuchtung wurden 16 925 Kubikm., für den Bahnhof 15 874 Kubikm. und an Private (einschl. Gasmotoren) 107 178 Kubikm. Gas abgegeben.

Die Zahl der Gasmesser (theils trockene, theils nasse) betrug 170, die der Gasmotoren 9 und die der noch stehenden Straßenlaternen 96.

Der Preis des Gases beträgt zu Beleuchtungszwecken 25, zu gewerblichen Zwecken 21 Pfennig pro Kubikmeter.

Beim städtischen Wasserwerke dahier betrug im Jahre 1884 der Gesammtwasserverbrauch 1 831 444 Kubikm. gegen 1 523 992 Kubikm. im Jahre 1883. Die stärkste Tagesabgabe betrug 10 704 Kubikm., die schwächste 2 042 Kubikm.

Städtisches Wasserwerk zu Karlsruhe.

Zu öffentlichen Zwecken, Straßengießen, Fontainen u. s. w. wurden 345 644 Kubikm. abgegeben.

Der Verbrauch in den, an die Wasserleitung angeschlossenen 2 074 Grundstücken stellte sich auf 1 485 800 Kubikm.

An Feuerungsmaterial zu dem Betriebe der Dampfkessel für die Wasserhebmaschinen wurden 649 640 Kilo Kohlen und Koke verbraucht.

Ende 1884 betrug

die Länge des Hauptröhrenetzes .	38 968 Meter
die Zahl der öffentlichen Brunnen .	62
„ „ „ „ Feuerhahnen	317
„ „ „ „ Fontainen .	7.

Karlsruher, Mühlburger, Durlacher Pferde- und Dampf-Bahn. Auf der Karlsruher-Mühlburger- und Durlacher Pferde- und Dampf-Bahn wurden im Jahre 1884 insgesammt 1 669 665 Personen befördert. Der Verkehr auf den einzelnen Strecken und in den einzelnen Monaten wird aus folgender Zusammenstellung ersichtlich.

Monate	Karlsruhe: Personen	Mühlburg: Personen	Durlach: Personen
Januar .	43 004	14 568	52 765
Februar .	41 582	13 850	55 054
März . . .	46 579	15 699	58 277
April . . .	49 724	16 467	68 459
Mai . .	57 117	15 579	71 854
Juni . . .	58 461	18 846	73 086
Juli . . .	60 542	17 829	70 544
August . .	54 583	18 557	77 341
September .	53 780	21 302	73 425
Oktober . .	54 748	19 112	62 340
November .	51 842	15 706	57 001
Dezember . .	49 448	16 148	54 649
Abonnenten .	—	19 071	50 690
	621 410	222 814	825 431

Landesgewerbe-halle zu Karlsruhe. Der Großherzoglichen Landesgewerbehalle dahier stand für das verflossene Jahr zur Anschaffung von Gegenständen für die

bleibende Sammlung und zur Unterhaltung der gesammten Ausstellung ein Kredit von M. 5500 zur Verfügung. Die vorüber-
gehende Ausstellung wurde von 162 Firmen beschickt. Die vorübergehend ausgestellten Gegenstände hatten einen Werth von
M. 191,062. Besucht wurde die Ausstellung von 37,273 Personen.

Die Bibliothek der Anstalt verfügte über einen Kredit von
M. 5000 und enthält ca. 11,000 Bände im Werthe von
M. 125,000.

Im Jahre 1884 wurde dieselbe von 7384 Personen besucht,
ausgeliehen wurden 2961 Bände und 6219 einzelne Blätter, aus
der Vorbildersammlung 392 Tafeln nach auswärts und an Schulen.

Von den Gewerbevereinen unseres Bezirks hat uns auf unser
diesbezügliches Ersuchen nur der zu Bruchsal eine Mittheilung
zukommen lassen. Dieselbe lautet:

„Der in Bruchsal bestehende und gegen 50 Mitglieder zäh-
lende Gewerbverein ist im Laufe des Jahres dem schon lange geplanten Projekt, eine ständige Ausstellung in der von der Stadt
zu diesem Zweck unentgeltlich überlassenen früheren Klosterkirche
zu veranstalten, näher getreten und nachdem die Herrichtung des
Lokals beendet und eine größere Anzahl von Mitgliedern ihre
Betheiligung angemeldet, ist nunmehr Aussicht vorhanden, daß die
Eröffnung in Bälde erfolgen kann. Zu wünschen wäre, daß die
an das Unternehmen geknüpften Hoffnungen auf Anregung und
Förderung des gewerblichen Lebens in der Stadt Bruchsal in Erfüllung gehen."

Der kaufmännische Verein dahier zählte am 31. März 1885
(Schluß des Vereinsjahres) 98 ordentliche und 109 außerordent-
liche Mitglieder gegen 88 ordentliche und 100 außerordentliche
Mitglieder am 31. März 1884.

Oeffentliche Vorträge wurden im Winterhalbjahre 1884/85
vom Verein veranstaltet und abgehalten von:

Professor Dr. Ludwig Büchner in Darmstadt über: „Die
Lebensdauer und Lebenserhaltung";

Professor Dr. B. Kugler in Tübingen über: „Tempel-
herren und Freimaurer";

(Randnotizen:)
Gewerbeverein zu Bruchsal.

Kaufmännischer Verein zu Karlsruhe.

Ritter Karl von Vincenti in Wien über: „Meine Pil-
gerfahrt nach Kerbela am Euphrat";

Friedrich von Hellwald in Stuttgart über: „Die Ma-
giter des Morgenlandes";

Hofschauspieler A. Juntermann in Stuttgart: „Eine Vor-
lesung aus Fritz Reuter's Werken";

Dr. Georg Brandes in Kopenhagen über: „Das junge
Teutschland";

Rechtsanwalt Max Bernstein in München über: „Eine
literarische Plauderei";

Dr. Marc Rosenberg in Karlsruhe über: „Die modernen
Stilarten";

Professor Dr. Erich Schmidt in Wien über: „Bürger's
Leonore".

Der Verein ließ es sich auch im Berichtsjahre angelegen sein,
durch Ertheilung von Unterricht durch hiesige Professoren seinen
Mitgliedern zu nützen. Dieser Unterricht beschränkte sich im Winter
1883/84 auf die französische Sprache, seit Oktober 1884 erstreckt
er sich jedoch auch auf die englische Sprache und die Stenographie.
Die Betheiligung daran, welche kostenfrei ist, war eine ziemlich
rege, besonders in den Kursen für Anfänger, und der Erfolg in den
Fortschritten der Theilnehmer ein recht befriedigender. In der Ab-
haltung von Unterrichtskursen erblickt der Verein einen der wichtigsten und erspriehlichsten Zweige seiner Thätigkeit und wird er demselben auch in Zukunft besondere Sorgfalt widmen, trotz des verhältnißmäßig großen Kostenaufwandes, den derselbe erfordert. Die
Bibliothek des Vereins wurde in den letzten 2 Jahren bedeutend
erweitert und die Benützung derselben hat in befriedigender Weise
zugenommen. In dem Lesezimmer des Vereins liegen auf: die
Frankfurter Zeitung, die Gartenlaube, Ueber Land und Meer,
die Fliegenden Blätter und Westermanns Monatshefte.

Der Vorstand des Vereins besteht aus den Herren: H. Bi-
scher, Vorsitzender, G. Rosenthal, I. Schriftführer, Karl Dörr,
II. Schriftführer, Joh. Krespach, Kassier, B. Bär, Bibliothekar,
S. Weis, Emil Weber und W. Reichmann, Beisitzende.

Landwirthschaftliche Vereine bestanden im Handelskammer-bezirke: **Landwirthschaftliche Vereine.**

zu		mit Mitgliedern	
Bretten . . .	255 am 1. Jan. 1884	260	am 1. Jan. 1885
Bruchsal . .	233 „ „ „ „	269	„ „ „ „
Durlach . .	381 „ „ „ „	383	„ „ „ „
Ettlingen . .	155 „ „ „ „	174	„ „ „ „
Karlsruhe . .	409 „ „ „ „	472	„ „ „ „

Die Zahl der Mitglieder des hiesigen Lebensbedürfnißvereins hat sich von 937 Ende 1883 auf 1004 im Jahre 1884 erhöht; neu eingetreten sind 145 Mitglieder, während 78 abgingen, so daß ein Zuwachs von 67 verbleibt. Der Reingewinn für 1884 beläuft sich auf M. 42030.35 gegen M. 39529.34 im Vorjahre. Der Umsatz beträgt: im Waarengeschäft M. 468181 (oder M. 7162 mehr als im Vorjahre), im Lieferantengeschäft M. 59570 (oder M. 6905 mehr als im Vorjahre), zusammen M. 527751 (oder M. 14067 mehr als im Vorjahre). Der Marken-Verkauf, d. i. der Umsatz der zum Gewinn berechtigenden Vereins-Marken, hat sich von M. 409104 (um M. 12357) auf M. 421461 erhöht. Auch der Verkauf gegen baar zeigt eine kleine Zunahme (von M. 2332) gegen das Vorjahr und beläuft sich auf M. 107307. Der Reservefond hat mit der diesjährigen Zuweisung von M. 2323 das vorgeschriebene Maximum von M. 50000 erreicht. **Lebensbedürfniß-verein Karlsruhe.**

An Gewerbvereinen (Hirsch-Dunker) bestanden im Handels-kammerbezirke im Berichtsjahre: **Gewerbvereine.**

1) in Bretten ein Ortsverein der Blechner mit 38 Mit-gliedern;
2) in Karlsruhe:
   a. ein Ortsverein der Schreiner mit 45 Mitgliedern;
   b. ein Ortsverein der Maschinenbauer mit 25 Mitgl.;
   c. ein Ortsverein der Blechner mit 35 Mitgliedern;
   d. ein Ortsverein der Maurer mit 45 Mitgliedern;
   e. ein Ortsverein der Gipser mit 25 Mitgliedern;
3) in Ettlingen:
   a. ein Ortsverein der Schreiner mit 40 Mitgliedern;

b. ein Ortsverein der Schneider mit 25 Mitgliedern;

c. ein Ortsverein der Maurer mit 20 Mitgliedern;

4) in Mühlburg ein Ortsverein der Lederarbeiter mit
100 Mitgliedern.

Im Ortsverband Karlsruhe, welcher die fünf hiesigen, sowie
den Verein in Mühlburg umfaßt, wurden durch Stadtpfarrer
Längin, sowie durch Hauptlehrer Meinzer verschiedene interessante
und lehrreiche Vorträge gehalten.

Anhang.

Nr. 1.

Entwurf eines Gesetzes, betreffend
Postdampfschiffsverbindungen mit überseeischen Ländern.

§. 1.

Der Reichskanzler wird ermächtigt, die Einrichtung und Unterhaltung von regelmäßigen Postdampfschiffsverbindungen zwischen Deutschland einerseits und Ostasien, sowie Australien andererseits, auf eine Dauer bis zu fünfzehn Jahren an geeignete deutsche Unternehmer auf dem Wege der engeren Submission einzeln oder zusammen zu übertragen und in den hierüber abzuschließenden Verträgen Beihilfen bis zum Höchstbetrage von jährlich vier Millionen Mark aus Reichsmitteln zu bewilligen.

§. 2.

Der Reichskanzler wird ferner ermächtigt, zum Anschluß an die Hauptlinien (§. 1) die Einrichtung und Unterhaltung einer Zweiglinie von Triest über Brindisi nach Alexandrien auf eine Dauer bis zu fünfzehn Jahren an geeignete deutsche Unternehmer auf dem Wege der engeren Submission zu übertragen, und in den hierüber abzuschließenden Verträgen eine Beihilfe bis zum Höchstbetrage von jährlich vierhunderttausend Mark aus Reichsmitteln zu bewilligen.

§. 3.

Die in §. 1 bezeichneten Verträge müssen die in der Anlage zusammengestellten Hauptbedingungen enthalten und bedürfen zu ihrer Gültigkeit der Genehmigung des Bundesraths.

Die Verträge, sowie die auf Grund derselben geleisteten Zahlungen sind dem Reichstage bei der Vorlage des nächsten Reichshaushalts-Etats mitzutheilen.

§. 4.

Die nach §§. 1 und 2 zahlbaren Beträge sind in den Reichshaushalts-Etat einzustellen.

9

Anlage.

1. Die Fahrten müssen auf den Hauptlinien in Zeitabschnitten von längstens vier Wochen stattfinden.

2. Die in die Fahrt einzustellenden Dampfer dürfen in ihrer Konstruktion und Einrichtung, namentlich in Bezug auf Personenbeförderung und Sicherheit, den auf denselben Linien laufenden Postdampfern anderer Nationen nicht nachstehen.

3. Die Fahrtgeschwindigkeit ist auf mindestens 11½ Knoten im Durchschnitt festzusetzen. — Die Zeitdauer der Reise ist nach diesem Verhältniß mit entsprechendem Zuschlag für den Aufenthalt in den anzulaufenden Häfen in Stunden mit einem Abschlag von 1 Knoten pro Stunde für die Fahrt gegen den Monsun zu berechnen.

4. Die Unternehmer der Hauptlinien (§. 1) sind verpflichtet, bei der Hin- und Rückfahrt einen belgischen oder holländischen Hafen anzulaufen.

5. In diese Linien einzustellende neue Dampfer müssen auf deutschen Werften gebaut sein.

6. Alle in die Fahrt einzustellenden Dampfer müssen vorher durch von der Regierung zu ernennende Sachverständige als den vorstehenden Anforderungen genügend anerkannt werden.

7. Für ungerechtfertigte Verzögerungen bei der Fahrtausführung werden entsprechende Abzüge von der Subventionssumme gemacht.

8. Die Dampfer führen die deutsche Postflagge und befördern die Post nebst den etwaigen Begleitern ohne besondere Bezahlung.

9. Die regelmäßigen Fahrten müssen spätestens 12 Monate nach Abschluß der Verträge beginnen.

10. Zur Sicherstellung der Erfüllung der Vertragsverbindlichkeiten ist, soweit erforderlich, den Unternehmern die Bestellung einer Kaution aufzuerlegen.

11. Erwachsen den Unternehmern aus dem Betriebe dauernd größere Gewinne, so kann die Regierung den Unternehmern größere Leistungen, z. B. in Bezug auf schnellere oder vermehrte Fahrten u. s. w. auferlegen oder die Subventionssumme entsprechend kürzen.

Nr. 2.

Exportmusterlager Karlsruhe.

a.

Auszug aus dem Einladungsschreiben zum Beitritt.

Das Exportmusterlager Karlsruhe in Baden verdankt seine Entstehung dem allseitig kundgegebenen Bestreben, für unsern Exporthandel einen dringend nöthigen Mittelpunkt zu schaffen, der mit Allem ausgerüstet, jeder Nachfrage nach den Produkten unserer heimischen Gewerbe und Industrie ein genügendes Bild gewähren soll. Die glänzenden Resultate des Stuttgarter Unternehmens mußten uns Anlaß geben, auf dem nämlichen Wege hier für das Großherzogthum Baden vorzugehen.

Wie aus Nr. 1 der Satzungen hervorgeht, soll das Exportmusterlager durchaus keine Ausstellung sein. Es ist ganz in das Ermessen der Mitglieder gestellt, ihre Fabrikate in einer Form zur Darstellung zu bringen, welche sie für ihre Interessen am geeignetsten halten. An Stelle der Muster können Modelle, Adressen, bildliche Darstellungen, Beschreibungen, Plakate, Kataloge, Preislisten re. niedergelegt werden, nur sollte unser Geschäftsführer durch besondere Instruktion in den Stand gesetzt sein, über vielleicht unvermeidliche Lücken ergänzende Mittheilungen machen zu können.

Für alle Betheiligten bleibt aber von größtem Werthe, daß der Katalog in möglichster Vollkommenheit an die Oeffentlichkeit tritt; derselbe wird nach und nach in alle Handelssprachen übersetzt und überall hin verbreitet werden; er soll allen Jenen, welche in Deutschland kaufen wollen, ein möglichst vollständiges Bild der vielseitigen Industrie unseres Badner-Landes geben, und so schon in der Ferne einladen, unsern heimischen Markt zu besuchen. Dabei halten wir es für sehr werthvoll, daß, wenn immer thunlich, der Käufer mit dem Produzenten in direkte Verbindung trete, weil nur so beide Theile am besten und ohne Weiterungen in den Stand gesetzt werden, alle Anforderungen nach Wunsch zu erfüllen.

Unter diesen Umständen wird es nicht zu bestreiten sein, daß keine Branche und keine leistungsfähige Firma in dem Katalog fehlen darf, wenn nicht in kurzer Zeit für sie die empfindlichsten Nachtheile zu Tage treten sollen.

In Süddeutschland sind nun in Stuttgart, München, Karlsruhe, Frankfurt a. M. Exportmusterlager ins Leben getreten. Es kann nicht ausbleiben, daß sich diese Einrichtungen über ganz Deutschland verbreiten, weil sie einem schon lange im Handel gefühlten Bedürfniß entsprechen, und weil sie mit unbedeutenden Kosten das erfüllen, was die Ausstellungen erfüllen sollen, aber nicht erfüllt haben, trotzdem sie dem Einzelnen fort und fort schwere Opfer auferlegt haben. Es ist daher sehr leicht möglich, wenn nicht unausbleiblich, daß sie die erste Etappe zu nützlichen Reformen für unser Exportgeschäft bilden, die sich, wenn einmal angeregt, unaufhaltsam vollziehen werden. Schwer wird es daher für alle Jene sein, welche nicht rechtzeitig dem neuen Unternehmen beigetreten sind, das Versäumte nachzuholen.

Wir machen weiter hier nochmals besonders darauf aufmerksam, daß nach Nr. 2 der Satzungen die Geschäftsgeheimnisse jedes einzelnen Mitgliedes auf's strengste gewahrt werden. Die überlassenen Gegenstände sind unter Verschluß und werden vom Geschäftsführer Niemand gezeigt, der seine Berechtigung zur Einsichtnahme nicht nachweist.

Das Exportmusterlager soll nur in gemeinnützigem Sinne wirken und ist deßhalb auf keinerlei Ertrag aus demselben gerechnet. Anfänglich wird dasselbe Opfer erfordern. Die freigebige Unterstützung, welche von Seiten der Stadt bewilligt wurde, die in unentgeltlicher Gewährung des Lokals und eines erheblichen Zuschusses in Geld (6000 M.) besteht, machen der Handelskammer und dem Gewerbeverein dessen Errichtung möglich.

b.

Satzungen des Exportmusterlagers.

Die Handelskammer für den Kreis Karlsruhe und der Gewerbeverein Karlsruhe errichten, unterstützt durch die Stadt Karlsruhe, ein Exportmusterlager dahier, welches den Namen:

Exportmusterlager Karlsruhe in Baden

führt. Das Unternehmen ist mit dem 1. Mai d. J. in's Leben getreten.

Der Zweck des Exportmusterlagers besteht in Beförderung des Absatzes badischer Gewerbe- und Industrieerzeugnisse außerhalb Deutschlands.

Mit der Besorgung der laufenden Geschäfte ist ein Geschäftsführer betraut. Als Aufsichtsbehörde fungirt eine Kommission von 10 Mitgliedern, wovon die Handelskammer für den Kreis Karlsruhe drei und einen Ersatzmann, der Gewerbeverein drei und einen Ersatzmann und der Stadtrath drei und einen Ersatzmann ernennt. Außerdem gehört der Vorstand der Landesgewerbehalle, Herr Professor Meidinger, derselben an. Nach dem Inslebentreten des Unternehmens sollen aus den Kreisen der Mitglieder und Handelskammern des Landes eine Anzahl Beiräthe gewählt werden, welche zu periodischen Berathungen einberufen werden.

Sämmtliche Theilnehmer werden mindestens einmal im Jahr hieher zu einer Versammlung eingeladen, in welcher die Kommission über das Unternehmen Bericht erstatten und etwaige aus der Versammlung kommende Wünsche entgegen nehmen und zur Besprechung stellen wird.

Die Ziele des Unternehmens sollen durch folgende Maßregeln erstrebt werden:

1. Die Gewerbetreibenden und Industriellen des Landes werden eingeladen, Muster ihrer Erzeugnisse nebst Verkaufsbedingungen hieher in ein gemeinsames Musterlager einzusenden. Modelle, Adressen, bildliche Darstellungen, Beschreibungen, Plakate, Kataloge, Preislisten ꝛc. können Mustereinsendungen ergänzen und auch ersetzen. Die Muster werden genau nach Vorschrift des Einsenders aufbewahrt.

2. Muster und Verkaufsbedingungen werden nur solchen zur Einsicht gegeben, welche glaubhaft nachweisen, daß sie Käufer sind. Der Geschäftsführer des Exportmusterlagers wird hierauf verpflichtet.

3. Ueber das Exportmusterlager wird ein Katalog zunächst in deutscher und englischer Sprache aufgestellt. Jedem Mitgliede wird ein Raum bis zu 6 Zeilen unentgeltlich darin bewilligt. Ein Anhang des Katalogs nimmt Firmenannoncen unter billigster Berechnung der Aus-

lagen auf. Der Katalog wird an Exportfirmen, an Konsulate und Importeure auf ausländischen Plätzen, sowie auch an die Theilnehmer zur Vertheilung gebracht.

4. Der Bestand des Exportmusterlagers wird außerdem durch Ankündigungen in entsprechenden Zeitungen des In- und Auslandes bekannt gemacht.

5. An allen geeignet erscheinenden Plätzen des In- und Auslandes werden thunlichst bald Agenten angestellt werden.

6. Das Exportmusterlager, das sich selbst bestmöglichst über Nachfrage und Angebot zu unterrichten sucht, giebt, selbstverständlich ohne Verbindlichkeit an Käufer und Verkäufer, Auskunft und Rath; dasselbe bringt hiefür bei erzielten Kaufabschlüssen außer dem Ersatz etwaiger Kosten eine mäßige, jeweils zu vereinbarende Provision in Anrechnung.

7. Das Exportmusterlager wird dahin wirken, daß am hiesigen Platze auch ein solches Musterlager errichtet wird, welches den Bedarf des Auslandes veraugenscheinlicht.

8. Die Betheiligung am Exportmusterlager ist jedem badischen Gewerbetreibenden und Industriellen gestattet; derselbe hat jährlich M. 25 Beitrag zu leisten und werden ihm hiefür 1 qm Boden- oder Wandfläche von 30 Centimeter Höhe zur Verfügung gestellt. Das Lager wird gegen Feuersgefahr versichert.

9. Für die Aufbewahrung in Schränken wird eine mit dem Aussteller jeweils besonders zu vereinbarende, den Selbstkostenpreis keinenfalls übersteigende Gebühr bezw. Miethe berechnet.

Nr. 3.

Gesetz, betreffend Abänderung des Gesetzes wegen Erhebung von Reichsstempelabgaben vom 1. Juli 1881. Vom 29. Mai 1885.

Artikel I.

In dem Gesetze, betreffend die Erhebung von Reichsstempelabgaben, vom 1. Juli 1881 (Reichs-Gesetzbl. S. 185) treten an die Stelle von §§. 1, 6—11, nebst Ueberschrift derselben, 21, 23 Absatz 2, 27, 30 Absatz 1 und der Tarifnummer 4, sowie hinter §§. 22, 23 und 28 folgende Bestimmungen:

§. 1.

Die in dem anliegenden Tarif unter 1, 2, 3 und 5 bezeichneten Urkunden und die daselbst unter 4 bezeichneten Geschäfte unterliegen den daselbst bezeichneten Abgaben nach Maßgabe der nachstehenden Bestimmungen:

II. Kauf- und sonstige Anschaffungsgeschäfte.
(Tarifnummer 4.)

§. 6.

Die unter Tarifnummer 4 angeordnete Abgabe ist von allen im Inlande abgeschlossenen Geschäften der bezeichneten Art zu erheben.

Im Auslande abgeschlossene Geschäfte unterliegen der Abgabe, wenn beide Kontrahenten im Inlande wohnhaft sind; ist nur der eine Kontrahent im Inlande wohnhaft, so ist die Abgabe nur im halben Betrage zu entrichten. Bei kaufmännischen Firmen entscheidet für die Frage des Wohnortes der Sitz der Handelsniederlassung, welche das Geschäft abgeschlossen hat.

Als im Auslande abgeschlossen gelten auch solche Geschäfte, welche durch briefliche oder telegraphische Korrespondenz zwischen einem Orte des Inlandes und einem Orte des Auslandes zu Stande gekommen sind.

§. 7.

Bedingte Geschäfte gelten in Betreff der Abgabepflicht als unbedingte. Ist einem Kontrahenten ein Wahlrecht eingeräumt, oder die Befugniß, innerhalb bestimmter Grenzen den Umfang der Lieferung zu bestimmen, so wird die Abgabe nach dem höchstmöglichen Werth des Gegenstandes des Geschäfts berechnet.

Jede Verabredung, durch welche die Erfüllung des Geschäfts unter veränderten Vertragsbestimmungen oder gegen Entgelt unter denselben Vertragsbestimmungen auf einen späteren Termin verschoben wird, gilt als neues abgabepflichtiges Geschäft.

Ist das Geschäft von einem Kommissionär (Artikel 360 des Handelsgesetzbuchs) abgeschlossen, so ist die Abgabe sowohl für das Geschäft zwischen dem Kommissionär und dem Dritten, als auch für das Abwickelungsgeschäft zwischen dem Kommissionär und dem Kommittenten zu entrichten, sofern nicht die Bestimmung des §. 11 a Absatz 2 eintritt.

Geschäfte, welche vorbehaltlich der Aufgabe („an Aufgabe") abgeschlossen werden, sind abgabepflichtig. Die Bezeichnung des definitiven Gegenkontrahenten (die Aufgabe) ist steuerfrei, wenn dieselbe spätestens am folgenden Werktage gemacht wird; wird dieselbe später gemacht, so gilt sie als ein neues abgabepflichtiges Geschäft.

§. 8.

Werden zwischen denselben Kontrahenten an einem Tage zu gleichen Vertragsbestimmungen mehrere Geschäfte über Gegenstände derselben Art ohne Vermittler oder durch denselben Vermittler abgeschlossen, so gelten diese Geschäfte in Betreff der Besteuerung als ein Geschäft.

§. 9.

Zur Entrichtung der Abgabe ist zunächst verpflichtet:

1. wenn das Geschäft durch einen im Inlande wohnhaften Vermittler abgeschlossen ist, dieser,

anderenfalls:

2. wenn nur einer der Kontrahenten im Inlande wohnhaft ist, dieser,

3. wenn von den Kontrahenten nur der eine ein im Inlande wohnhafter nach Artikel 28 des Handelsgesetzbuchs zur Führung von Handelsbüchern verpflichteter Kaufmann ist, der letztere,

4. wenn es sich um das Abwickelungsgeschäft zwischen dem Kommissionär und dem Kommittenten handelt (§. 7 Absatz 3), der Kommissionär,

5. in allen übrigen Fällen der Veräußerer.

Die im Inlande wohnhaften Vermittler und Kontrahenten haften für die Abgabe als Gesammtschuldner, indessen ist bei Geschäften, für welche die Abgabe nur im halben Betrage zu entrichten ist (§. 6 Absatz 2), der nicht im Inlande wohnhafte Kontrahent für die Entrichtung der Abgabe nicht verhaftet.

Der Vermittler ist berechtigt, den Ersatz der entrichteten Abgabe von jedem für die Abgabe verhafteten Kontrahenten zu fordern.

§. 10.

Der zur Entrichtung der Abgabe zunächst Verpflichtete hat über das abgabepflichtige Geschäft eine Schlußnote auszustellen, welche den Namen und den Wohnort des Vermittlers und der Kontrahenten, den Gegenstand und die Bedingungen des Geschäfts, insbesondere den Preis, sowie die Zeit der Lieferung ergeben muß. Die Unterschrift des Ausstellers ist nicht erforderlich.

Die Schlußnote ist doppelt auf einem vorher gestempelten oder mit den erforderlichen Stempelmarken zu versehenden Formular auszustellen, von dem je eine Hälfte für jeden der beiden Kontrahenten bestimmt ist. Spätestens am dritten Tage nach dem Tage des Geschäftsabschlusses hat der Aussteller der Schlußnote die nicht für ihn bestimmte Hälfte der letzteren, wenn derselbe die Schlußnote oder als Vermittler ausgestellt hat (§. 9. Ziffer 1), deren beiden Hälften abzusenden.

Vermittler haben diese Absendung und den verwendeten Stempelbetrag in ihren Geschäftsbüchern zu vermerken.

Der zur Entrichtung der Abgabe zunächst Verpflichtete darf unversteuerte Schlußnoten über das abgabepflichtige Geschäft nicht ausstellen und aus der Hand geben.

§. 11.

Ist einem für die Entrichtung der Abgabe verhafteten Kontrahenten (§. 9 Absatz 2) eine zu niedrig versteuerte Schlußnote zugestellt worden, so hat derselbe binnen 14 Tagen nach dem Tage des Geschäftsabschlusses den fehlenden Stempelbetrag auf der Schlußnote nachträglich zu verwenden; ist einem solchen Kontrahenten eine versteuerte Schlußnote überhaupt nicht zugegangen, so hat derselbe seinerseits binnen der bezeichneten Frist nach Maßgabe der im §. 10 Absatz 1 und 2 gegebenen Bestimmungen zu verfahren.

Sind bei einem durch einen Vermittler abgeschlossenen Geschäfte (§. 9 Ziffer 1) zwei derartige Kontrahenten betheiligt, so hat jeder von ihnen nur die Hälfte des auf der zugestellten Schlußnote fehlenden Betrages nachträglich zu verwenden, im Falle des Nichteinganges der Schlußnote aber zu der von ihm auszustellenden Schlußnote nur die Hälfte des tarifmäßigen Stempels zu verwenden.

Die nach den vorstehenden Bestimmungen mangels des Empfanges der Schlußnote entrichtete Abgabe ist zurückzuerstatten, wenn nachgewiesen wird, daß der zunächst Verpflichtete die ihm nach §. 10 obliegenden Verpflichtungen rechtzeitig erfüllt hat. Die Entscheidung erfolgt im Verwaltungswege.

§. 11 a.

Eine Schlußnote kann mehrere abgabepflichtige Geschäfte umfassen, insofern letztere demselben Steuersatze unterliegen und an demselben Tage und unter denselben Kontrahenten, welche in gleicher Eigenschaft gehandelt haben, abgeschlossen worden sind. Die Abgabe ist in diesem Falle von dem Gesammtwerth der Geschäfte zu berechnen.

Wird bei Kommissionsgeschäften für einen auswärtigen Kommittenten, welcher seinerseits als Kommissionär eines Dritten handelt, die Schlußnote mit dem Zusatze „In Kommission" ausgestellt, so bleibt das Abwickelungsgeschäft zwischen ihm und seinem Kommittenten von der Abgabe befreit, wenn er die Schlußnote spätestens am ersten Werktage nach dem Empfang unter Beifügung des Namens seines Kommittenten an den letzteren absendet.

§. 11 b.

Die Schlußnoten sind nach der Zeitfolge nummerirt fünf Jahre lang aufzubewahren.

§. 11 c.

Ist bei dem Abschluß eines abgabepflichtigen Geschäfts zwischen zwei Kontrahenten, welche nicht nach Artikel 28 des Handelsgesetzbuchs zur Führung von Handelsbüchern verpflichtet sind, eine beiderseits unterschriebene Vertragsurkunde aufgestellt worden, so bleiben die §§. 9, 10, 11, 11 a, 11 b außer Anwendung. Die Kontrahenten sind verpflichtet, die Vertragsurkunde binnen 14 Tagen nach dem Geschäftsabschluß der Steuerbehörde zur Abstempelung vorzulegen; diese Verpflichtung erstreckt sich bei Geschäften, für welche die Abgabe nur im halben Betrage zu erheben ist (§. 6 Absatz 2), nicht auf den nicht im Inlande wohnhaften Kontrahenten.

§. 11 d.

Bei Geschäften, für welche eine rechtzeitige Berechnung der Steuer nicht möglich ist, bleibt die Besteuerung unter den vom Bundesrath festzusetzenden Maßgaben so lange ausgesetzt, bis die Berechnung möglich wird. Der Bundesrath bestimmt ferner, unter welchen Umständen außerhalb dieses Falles, insbesondere bei im Auslande abgeschlossenen Geschäften, eine andere Frist zur Ausstellung der Schlußnoten eintreten kann.

§. 11 e.

Nach der näheren Bestimmung des Bundesraths dürfen Stempelzeichen zur Entrichtung der in der Tarifnummer 4 angeordneten Abgabe auf Kredit verabfolgt werden.

§. 11 f.

Geschäfte, welche nach Tarifnummer 4 abgabepflichtig sind, oder auf welche die Vorschrift unter „Befreiungen" zu dieser Tarifnummer Anwendung findet, sowie Schriftstücke über solche Geschäfte sind in den einzelnen Bundesstaaten keinen Stempelabgaben (Taxen, Sporteln u. s. w.) unterworfen. Werden diese Schriftstücke indessen gerichtlich oder notariell aufgenommen oder beglaubigt, so unterliegen sie, neben der in Tarifnummer 4 für das Geschäft vorgeschriebenen Abgabe, den in den Landesgesetzen für gerichtliche oder notarielle Aufnahmen und Beglaubigungen etwa vorgeschriebenen Stempeln (Taxen, Sporteln u. s. w.).

§. 11 g.

Wer den Vorschriften im §. 10 Absatz 1 und 2, §. 11 Absatz 1 und 2 und §. 11 c zuwiderhandelt, hat eine Geldstrafe verwirkt, welche dem fünfzigfachen Betrage der hinterzogenen Abgabe gleichkommt, mindestens aber zwanzig Mark beträgt.

Kann der Betrag der hinterzogenen Abgabe nicht festgestellt werden, so tritt statt der vorstehend bestimmten Strafe eine Geldstrafe von zwanzig bis fünftausend Mark ein.

§. 11 h.

Wer, nachdem er auf Grund des §. 11 g bestraft worden, von neuem den dortselbst bezeichneten Vorschriften zuwiderhandelt, hat neben der im §. 11 g vorgesehenen Strafe eine Geldstrafe von einhundertfünfzig bis fünftausend Mark verwirkt.

Diese Rückfallstrafe tritt ein ohne Rücksicht darauf, ob die frühere Bestrafung in demselben oder in einem anderen Bundesstaate erfolgt ist. Sie ist verwirkt, auch wenn die frühere Strafe nur theilweise entrichtet oder ganz oder theilweise erlassen ist.

Dieselbe ist ausgeschlossen, wenn seit der Entrichtung oder dem Erlaß der letzten Strafe bis zur Begehung der neuen Zuwiderhandlung fünf Jahre verflossen sind.

§. 11 i.

Wer gegen die Vorschriften im §. 10 Absatz 3 und §. 11 b verstößt, ist mit Geldstrafe von drei Mark bis fünftausend zu bestrafen.

§. 21.

Der Bundesrath erläßt die Anordnung wegen der Anfertigung und des Vertriebs der nach Maßgabe dieses Gesetzes zu verwendenden Stempelmarken und gestempelten Formulare, sowie die Vorschriften über die Form der Schlußnoten und über die Art der Verwendung der Marken. Er stellt die Bedingungen fest, unter welchen für verdorbene Marken und Formulare, sowie für Stempel auf verdorbenen Werthpapieren Erstattung zulässig ist.

§. 22 a.

In Beziehung auf die Verpflichtung zur Entrichtung der in diesem Gesetze festgestellten Abgaben ist der Rechtsweg zulässig. Die Klage ist bei Verlust des Klagrechtes binnen sechs Monaten nach erfolgter Beitreibung oder mit Vorbehalt geleisteter Zahlung zu erheben. Für die Berechnung dieser Frist sind die Bestimmungen der Civilprozeßordnung maßgebend. Zuständig sind ohne Rücksicht auf den Werth des Streitgegenstandes die Landgerichte. Soweit bei denselben Kammern für Handelssachen bestehen, gehört der Rechtsstreit vor diese. Die Revision, sowie die Beschwerde gegen Entscheidungen der Oberlandesgerichte geht an das Reichsgericht.

§. 23 Absatz 2.

Dieselbe Strafe tritt ein, wenn in den Fällen der §§. 3, 11 g und 16 aus den Umständen sich ergibt, daß eine Steuerhinterziehung nicht hat verübt werden können, oder nicht beabsichtigt worden ist.

§. 23 a.

Die auf Grund dieses Gesetzes zu verhängenden Strafen sind bei Genossenschaften und Aktiengesellschaften gegen die Vorstandsmitglieder, bei Kommanditgesellschaften gegen die persönlich haftenden Gesellschafter, bei offenen Handelsgesellschaften gegen die Gesellschafter nur im einmaligen Betrage, jedoch unter Haftbarkeit jedes einzelnen als Gesammtschuldner festzusetzen. Ebenso ist in anderen Fällen zu verfahren, in denen bei einem Geschäfte mehrere Personen als Vertreter derselben Kontrahenten oder als gemeinschaftliche Kontrahenten betheiligt sind.

Auf die Verhängung der im §. 11 h vorgeschriebenen Rückfallsstrafe finden diese Bestimmungen keine Anwendung.

§. 27.

Die in den einzelnen Bundesstaaten mit der Beaufsichtigung des Stempelwesens beauftragten Behörden und Beamten haben die ihnen obliegenden Verpflichtungen mit den gleichen Befugnissen, wie sie ihnen hinsichtlich der nach den Landesgesetzen zu entrichtenden Stempelabgaben zustehen, auch hinsichtlich der in diesem Gesetze bestimmten Abgaben wahrzunehmen.

Die Landesregierungen bestimmen höhere Beamte, welche nach näherer Vorschrift des Bundesraths die Schriftstücke der öffentlichen und der von Aktiengesellschaften oder Kommanditgesellschaften auf Aktien betriebenen Bank-, Kredit- oder Versicherungsanstalten, sowie der zur Erleichterung der Liquidation von Zeitgeschäften bestimmten Anstalten (Liquidationsbureau u. s. w.) periodisch bezüglich der Abgabenentrichtung zu prüfen haben.

Den revidirenden Beamten sind alle bezügliche Schriftstücke und erforderlichen Falls auch die Geschäftsbücher zur Einsicht vorzulegen.

Von anderen als den im Absatz 2 bezeichneten Personen kann die Steuerdirektivbehörde die Einreichung der auf bestimmt zu bezeichnende abgabepflichtige Geschäfte bezüglichen Schriftstücke verlangen.

§. 28 a.

Der Bundesrath ordnet an, in welchen Fällen bei administrativen Straffestsetzungen Sachverständige zu hören sind; solche sind, wo Handelsvorstände bestehen, von diesen zu bezeichnen.

Die Handelsvorstände können unter Berücksichtigung der besonderen Verhältnisse und Gewohnheiten ihres Bezirks, zum Zweck der Durchführung des Gesetzes und Sicherung der Entrichtung der Abgaben reglementarische Anordnungen erlassen; letztere bedürfen der Zustimmung der Landesregierungen.

§. 30. Absatz 1.

Die Kassen des Reichs sind von der Entrichtung der durch dieses Gesetz unter Tarifnummer 1, 2, 3 angeordneten Abgaben befreit.

Artikel II.

Dieses Gesetz tritt mit dem 1. Oktober 1885 in Kraft.

Der Reichskanzler wird ermächtigt, den unter Berücksichtigung der obigen Aenderungen sich ergebenden Text des Gesetzes vom 1. Juli 1881 mit einer fortlaufenden Nummernfolge der Paragraphen durch das Reichs-Gesetzblatt bekannt zu machen.

Urkundlich unter Unserer Höchsteigenhändigen Unterschrift und beigedrucktem Kaiserlichen Insiegel.

Tarifnummer 4.

Laufende Nr.	Gegenstand der Besteuerung.	Steuerjatz vom		Berechnung der Abgabe.
		Hundert.	Tausend.	
4	A. Kauf und sonstige Anschaffungsgeschäfte über: 1. ausländische Banknoten, ausländisches Papiergeld, ausländische Geldsorten; 2. Werthpapiere der unter 1, 2 und 3 dieses Tarifs bezeichneten Art B. Kauf und sonstige Anschaffungsgeschäfte, welche unter Zugrundelegung von Usancen einer Börse geschlossen werden (Loko-, Zeit-, Fix-, Termin-, Prämien- u. s. w. Geschäfte), über Mengen von Waaren, die börsenmäßig gehandelt werden . . . . Als börsenmäßig gehandelt gelten diejenigen Waaren, für welche an der Börse, deren Usancen für das Geschäft maßgebend sind, Tagespreise notirt werden. Anmerkung. Kauf- und sonstige Anschaffungsgeschäfte über im Inlande von einem der Kontrahenten erzeugte oder hergestellte Mengen von Sachen oder Waaren sind steuerfrei. Befreiungen. Die vorbestimmte Abgabe wird nicht erhoben: 1. falls der Werth des Gegenstandes des Geschäfts nicht mehr als 600 Mark beträgt, 2. für sogenannte Realantgeschäfte über die unter A. 1 bezeichneten Gegenstände, sowie über ungemünztes Gold oder Silber. Als Reantantgeschäfte gelten solche Geschäfte, welche vertragsmäßig durch Lieferung des Gegenstandes seitens des Verpflichteten an dem Tage des Geschäftsabschlusses zu erfüllen sind.	—	¹⁄₁₀ ¹⁄₁₀	Vom Werth des Gegenstandes des Geschäfts, und zwar in Abstufungen von je vollen 2000 Mark, bei Geschäften im Werthe von 10000 Mark und mehr in Abstufungen von je vollen 10000 Mark. Bei Geschäften unter 2000 Mark wird die Steuer von einem Werthe von 2000 Mark berechnet. Der Werth des Gegenstandes wird nach dem vereinbarten Kauf- oder Lieferungspreis, sonst durch den mittleren Börsen- oder Marktpreis am Tage des Abschlusses bestimmt. Die zu den Werthpapieren gehörigen Zins- und Dividendenkoupons bleiben bei Berechnung der Abgabe außer Betracht. Ausländische Werthe sind nach den Vorschriften wegen Erhebung des Wechselstempels umzurechnen.

Nr. 4.

Kaiserlich Deutsche Konsulate *)
(Nach dem Stande vom Mai 1885.)

Kaiserlich Deutsche Konsular-Behörden befinden sich in den nachstehend bezeichneten Ortschaften:

Argentinische Republik. Buenos Aires — Cordoba — Gualeguaychu — Rosario — Salta — San Juan.

Belgien. Antwerpen — Brüssel — Gent — Lüttich — Ostende — Roulers.

Bolivia. Cochabamba — La Paz.

Brasilien. Rio de Janeiro — Bahia (São Salvador) — Blumenau — Ressort: Itajahy — Campinas — Ceará (Fortaleza) — Desterro — Ressort: Laguna — Dona Francisca — Ressort: São Francisco do Sul — Maceió — Maroim — Pará (Belem) — Paranaguá — Pernambuco (Recife) — Santa Leopoldina (Espirito Santo) — Rio Grande do Sul — Santos — São Luis de Maranhão — São Paulo — Porto Alegre.

Britische Besitzungen s. Grossbritannien.

Central-Amerika. Guatemala — Ressort: Guatemala — Ressort: Coban — Retalhuleu mit Champerico — Leon (Nicaragua) — San José (Costarica) — Punta Arenas (Costarica) — Santa Ana.

Chile. Valparaiso — Caldera — Concepcion — Copiapo — Coronel — Jquique — Osorno — Puerto Montt — Santiago — Tacna — Ressort: Arica — Valdivia.

China. Schanghai — Ressort: Ningpo — Amoy — Ressort: Futschau — Takao und Taiwanfu — Tamsui — Canton — Ressort: Swatau — Tientsin — Ressort: Niutschwang — Tschifu.

Columbien. Bogotá — Ressort: Barranquilla — Bogotá — Bucaramanga — Colon (Aspinwall) — Medellin — Panamá — San José de Cúcuta — Santá Fé de Bogotá s. Bogota.

Dänemark. Kopenhagen — Ressort: Aalborg — Aarhuus — Fanö — Ressort: Esbjerg — Ribe — Varde — Frederikshavn — Fridericia — Helsingör — Hjörring — Horsens — Korsör — Nyborg — Ressort: Odense — Svendborg — Randers — Ringkjöbing — Ressort: Lemvig — Rönne — Svanike — Thisted.

Dänische Besitzungen. St. Thomas (Antillen) — Thorshavn.

---

*) 1. Die Berufskonsulate sind durch gesperrten Druck kenntlich gemacht.
2. Die Namen der Konsularbeamten, sowie die Amtsbezirke derselben, sind in unserem Bureau zu erfragen.

Dominicanische Republik. S. auch Haiti — Puerto Plata (ressortirt vom Konsulat zu Port au Prince) — San Domingo (ressortirt vom Konsulat zu Port au Prince).

Ecuador. Guayaquil — Quito.

Frankreich. Bordeaux — Ressort: La Rochelle — Rochefort — St. Martin auf Ré — Cette — Dünkirchen — Ressort: Boulogne sur mer — Calais — Havre de Grace — Ressort: Dieppe — Honfleur — Rouen — Marseille — Ressort: Port de Bouc — Nantes — Ressort: St. Nazaire — Nizza.

Französische Besitzungen. Algier — Ressort: Oran — Gaboon (Guinea) — Nouméa (Neu-Caledonien) — Papeete (Tahiti) — Rufisque (Sénégal) — Saigon.

Freundschafts-Inseln. S. Schiffer- (Samoa-) und Tonga-Inseln.

Griechenland. Athen und Piraeus — Ressort: Syra — Calamata — Corfu — Ressort: Cephalonia — Patras — Ressort: Pyrgos — Zante — Volo.

Grossbritannien und Irland. (Die Buchstaben **(E.) (I.) (S.)** hinter den nachfolgenden Ortschaften bedeuten: **England, Irland, Schottland.**) London — Ressort: Aberdeen (S.) — Amble (Northumberland) (E.) — Arbroath (S.) — Barrow in Furness (Lancashire) (E.) — Belfast (I.) — Birmingham (E.) — Blyth (E.) — Bradford (E.) — Cardiff (E.) — Ressort: Bridgewater (E.) — Bristol (E.) — Gloucester (E.) — Milfort (E.) — Newport (Monmouthshire (E.) — Swansea (E.) — Cork (I.) — Dartmouth (E.) — Ressort: Teignmouth — Brixham — Dover (E.) — Dublin (I.) — Dundalk (I.) — Ressort: Newry (I.) — Dundee (S.) — Falmouth (E.) — Glasgow (S.) - Ressort: Ayr (S.) — Campbelton (S.) — Grangemouth (S.) — Ressort: Alloa (S.) — Boness (S.) — Great Yarmouth (E.) — Guernsey — Hartlepool (E.) — Harwich (E.) — Hull (E.) — Ressort: Great Grimsby (E.) — Inverness (S.) — Jersey — Kirkwall (Orkney-Inseln) (S.) — Leith (S.) — Ressort: Berwick on Tweed (E.) — Burntisland (S.) — Ressort: Charlestown — St. Davids — Prestonpans — Lerwick (Shetland-Inseln) (S.) — Limerick (I.) — Liverpool (E.) — London (E.) — Londonderry (I.) — Lowestoft (E.) — Lynn (E.) — Manchester (E.) — Middlesborough (E.) — Ressort: Stockton on Tees (E.) — Montrose (S.) — Newcastle on Tyne (E.) — Nottingham (E.) — Padstow (E.) — Penzance (E.) — Perth (S.) — Peterhead (S.) — Ressort: Fraserburgh (S.) — Plymouth (E.) — Poole (E.) — Portsmouth (E.) — Ramsgate (E.) — Rochester (E.) — Scilly-Inseln (E.) — Shoreham (E.) — Southampton (E.) — Stornoway (Hebriden-Inseln) (S.) — Sunderland (E.) — Waterford (I.) — Weymouth (E.) — Wick (S.) — Yarmouth s. Great — Yarmouth (E.).

Britische Besitzungen. Aden — Akkrah — Akyab

(Britisch Burmah) — Basselu (Britisch Burmah) — Belize — Bombay — Bridgetown — Ressort: Castries — Kingstown — Calcutta — Ressort: Chittagong — Capstadt — Ressort: D'Urban (Port Natal) — Kimberley (Capcolonie) — Mosselbay (Capcolonie) — Port Elizabeth — Ressort: King William Town und East London — Port Alfred — Simons Town (Capland) — Chatham (Neu-Braunschweig) — Colombo — Ressort: Point de Galle — Freetown — Georgetown (Demerara) — Ressort: Neu-Amsterdam (Berbice) — Gibraltar — Halifax — Ressort: Pugwash — Sydney, Cap Breton — Honkong — Kingston — Kurrachee (Ostindien) — Lagos (Guinea) — La Vallette — Madras — Ressort: Tuticorin — Montreal (Canada) — Moulmein (Britisch Burmah) — Nain — Nassau (New-Providence) — Ressort: Inagua — Port Louis — Port of Spain — Port Stanley — Quebec (Canada) — Rangoon (Britisch Burmah) — Singapore — Ressort: Penang — St. Georges (Bermuda) — St. Helena — St. John (Neu-Braunschweig) — St. Johns (Neu-Fundland) — Sydney — Ressort: Adelaide — Auckland — Brisbane — Christchurch — Dunedin — Levuka (Ovalau) — Melbourne — Sydney — Ressort: Newcastle — Wellington — Toronto (Canada) — Winnipeg (Canada).

Republik Haiti. Port au Prince — Ressort: Aux Cayes — Cap Haiti — Ressort: Port de Paix — Gonaives — Jacmel.

Hawaiische Inseln. Honolulu.

Italien. Ancona — Bologna — Cagliari — Ressort: Alghero — Carloforte — Sassari (Porto-Torres) — Civita Vecchia — Florenz — Genua — Ressort: San Remo — Savona — Livorno — Ressort Pisa — Porto Ferraio (Elba) — Porto Santo Stefano — Spezia — Mailand — Messina — Ressort: Catania — Licata — Pizzo — Reggio — Terranova — Neapel — Ressort: Bari — Brindisi — Catanzaro — Gallipoli — Palermo — Ressort: Girgenti — Trapani — Rom — Taranto — Turin — Venedig.

Japan. Hiogo-Osaka — Nagasaki — Yokohama.

Liberia. Monrovia.

Madagaskar. Tamatave.

Marocco. Tanger — Ressort: Casablanca — Larache — Mazagan — Mogador — Rabat.

Mexico. Acapulco — Chibuahua — Colima — Durango — Guadalajara — Guanajuato — Guaymas — Laguna de Terminos — Mazatlan — Merida — Mexico — Ressort: Puebla — Monterey — Morella — Oaxaca — San Luis Potosi — Tampico — Tehuantepec — Tepic — Ressort: San Blas — Vera Cruz.

Monaco. Monaco.

Niederlande. Rotterdam — Ressort: Amsterdam — Bronwershaven — Dordrecht — Groningen — Ressort: Delfzyl —

Harlingen — Helder — Hellevoetsluis — Middelburg — Scheveningen — Schiedam — Terschelling — Texel — Tiel — Zierikzee.

Niederländische Besitzungen. Batavia — Laboean-Deli — Macassar (Celebes) — Paramaribo — Samarang — Soerabaya.

Norwegen. S. Schweden.

Oesterreich-Ungarn. Brünn — Budapest — Ressort: Fiume — Triest — Ressort: Ragusa (Gravosa) — Wien.

Oranje-Freistaat. Bloemfontein (ressortirt vom General-Konsulat zu Capstadt).

Paraguay. Asuncion.

Peru. Arequipa — Ressort: Islay — Callao — Piura — Tacna (siehe unter Chile).

Portugal. Faro — Lagos — Lissabon — Porto — Setubal (St. Ubes) — Villa Nova de Portimão.

Portugiesische Besitzungen. Fayal (Azoren) — Funchal — Ilha do Sal (Cap Verdische Insel) Lourenço Marques — Moçambique — S. Miguel (Azoren) — San Paolo de Loanda — S. Vicente (Cap Verdische Insel) — Terceira (Azoren) — Ressort: Graciosa.

Rumänien. Bucarest — Ressort: Grajowa — Giurgevo — Galatz — Ressort: Braila — Köstendje — Jassy — Ressort: Botuschan.

Russisches Reich. 1. Kaiserreich Russland. Archangel — Kiew — Kowno — Moskau — Narva — Odessa — Ressort: Berdjansk — Kertsch — Kischenew — Nicolajew — Rostoff — Reval — Riga — Ressort: Libau — Pernau — Ressort: Arensburg — Windau — St. Petersburg — Ressort: Cronstadt — Tiflis — Ressort: Kedabeg — Warschau — 2. Grossfürstenthum Finland. Helsingfors — Ressort: Björneborg — Ekenäs — Helsingfors — Kristinestad — Nikolaistad (Wasa) — Ressort: Gamlakarleby — Jakobstadt — Uleaborg — Ressort: Brahestad — Wiborg — Ressort: Kotka — Abo.

Samoa-Inseln. S. Schiffer- und Tonga- (Freundschafts-) Inseln.

Sandwich-Inseln. S. Hawaiische Inseln.

Schiffer- (Samoa-) und Tonga (Freundschafts-) Inseln. Apia (Insel Opolo) — Ressort: Jaluit (Marshall-Inseln) — Papeete (Tahiti).

Schweden und Norwegen. a. Schweden. Stockholm — Ressort: Calmar — Ressort: Oscarshamn — Carlshamn — Carlskrona — Gefle — Gothenburg — Ressort: Fjellbacka — Kongsbacka — Lysekil — Marstrand — Strömstad — Warberg — Helsingborg — Ressort: Engelholm — Hernösand — Hudiksvall — Jönköping — Landskrona — Lulea — Malmö — Ressort: Trelleborg — Neder Kalix — Norrköping — Nyköping — Pitea — Skelleftea — Söderhamn — Sundswall — Umeå — Westerwik — Wisby — Ressort: Robnehamn — Ystad — Ressort: Cimbrishamn — b. Norwegen. Christiania — Ressort: Aalesund — Arendal — Ressort: Oesterrisør — Bergen — Bodö (Amt Nordland) — Christiansand — Ressort: Farsund — Flekkefjord — Mandal — Christiansund — Drammen — Drontheim — Frederikshald — Fredriksstad — Grimstad — Hammerfäst — Kragerö — Lanrvig — Lillesand — Moss — Namsos — Poragrund — Ressort: Brevig — Sannesnud (Sarpsborg) — Stavanger — Ressort: Egersund — Hangesund — Tönsberg — Tromsö — Vadsö — Vardö.

Schweiz. Basel — Genf — Zürich.

Serbien. Belgrad.

Siam. Bangkok.

Spanien. Barcelona — Ressort: Alicante — Ressort: Altea — Almeria — Badajoz — Bilbao — Cadiz — Ressort: Algeciras — San Lucar de Barrameda — Chartagena — Cordoba — Coruña — Ferrol — Gijon — Granada — Huelva — Irun — Jerez — Linares — Madrid — Mahon — Ressort: Ybiza (Balearen) — Malaga — Ressort: Marbella — Palma — San Sebastian — Santander — Sevilla — Tarragona — Torrevieja — Valencia — Ressort: Benicarló — Vigo.

Spanische Besitzungen. Havanna — Ressort: Cienfuegos — Matanzas — St. Jago de Cuba — Trinidad de Cuba — Las Palmas — Manila — Ressort: Cebn — Iloilo — Santa Cruz de Teneriffe — San Juan — Ressort: Aguadilla — Arroyo — Mayagüez — Ponce.

Togo (West-Afrika). Lome.

Tonga- (Freundschafts-) Inseln. S. Schiffer- (Samoa-) Inseln.

Türkei. Alexandrien — Ressort: Cairo — Chartum — Damiette — Kenneh — Luxor — Mansurah — Port Said — Siut — Sohag — Suez — Tantah — Zagazig — Beirut — Ressort: Aleppo — Ressort: Alexandrette — Antiochia — Damascus — Haiffa (und Acca) — Lattakieh — Salda — Tripolis — Constantinopel — Ressort: Adrianopel — Amasia — Brussa — Rodosto — Salonik — Ressort: Cavalla — Dardanellen (Kale Sultanie) — Jerusalem — Ressort: Jaffa — Serajevo — Smyrna — Ressort: Samos — Sofia — Ressort: Rustschuk — Tripoli.

Tunis. Tunis — Ressort: Goletta — Sfaks.

Ungarn. S. Oesterreich.

La Republica Oriental del Uruguay. Montevideo.

Venezuela. Carácas — Cindad Bolivar — La Gnayra — Maracaibo — Puerto Cabello.

Vereinigte Staaten von America. Chicago — Cincinnati — New-York — Ressort: Baltimore (Maryland) — Ressort:

Washington — Boston (Massachusetts) — Charleston (Süd-Carolina) — Galveston — Ressort: Indianola — Mobile (Alabama) — New-Orleans — Philadelphia (Pennsylvanien) — Richmond (Virginia) — Ressort: Norfolk — Savannah (Georgia) — Ressort: Darien — Wilmington (Nord-Carolina) — San Francisco — Ressort: San Diego — Portland — St. Louis.

Zanzibar. Die neu begründeten Konsulate in Zanzibar und Korea werden kommissarisch verwaltet.

Poßanweisungen				Telegramme		
eingezahlt		ausgezahlt		aufgegeben		ange-kommene in- und ausländische
Betrag		Betrag		inländische	ausländische	
Stück	Mark	Stück	Mark	Stück	Stück	Stück
11 862	700 854	10 052	511 617	648	408	1 573
11 808	604 072	10 008	487 020	650	443	1 745
11 516	650 039	9 617	428 552	823	360	1 603
11 541	622 415	10 379	408 330	835	399	1 879
29 631	1 840 308	34 690	2 200 945	7 044	3 654	11 141
29 985	1 878 131	33 355	2 064 067	7 787	4 127	12 713
28 779	1 781 020	31 554	1 921 630	7 253	4 228	11 611
28 781	1 644 361	31 372	1 805 024	5 771	2 780	8 769
650	32 509	193	11 911	21	9	30
524	24 181	213	9 747	—	—	—
13 669	818 940	11 439	485 255	1 428	470	8 051
12 911	796 276	11 421	498 619	1 330	512	1 961
12 753	768 536	11 058	478 848	1 390	505	1 976
13 179	773 813	12 379	511 814	1 666	619	2 078
843	99 675	204	8 131	—	—	—
585	88 993	253	10 548	—	—	—
14 603	841 061	18 039	1 153 859	1 587	349	9 328
13 515	790 165	17 940	1 107 698	1 396	504	2 154
12 746	778 305	18 256	1 017 853	1 356	385	2 190
13 019	719 163	15 611	904 419	1 235	317	1 912
1 857	111 379	1 014	81 404	269	176	610
1 645	84 170	948	64 113	313	196	718
161 781	10 503 198	208 853	13 395 936	48 460	15 827	75 531
153 778	9 847 821	201 897	12 839 549	49 528	15 918	75 589
149 439	9 433 518	198 056	12 019 762	51 873	16 061	72 800
142 160	9 132 102	191 899	11 264 174	50 259	15 905	73 807
2 170	103 167	790	30 159	618	172	724
2 283	133 625	790	40 884	631	210	963
847	46 412	801	9 545	170	11	213
929	53 807	919	18 617	208	19	299
3 371	194 958	1 398	88 655	245	163	653
3 069	191 359	1 707	87 746	333	142	700
3 207	213 906	2 310	198 756	257	24	379
3 815	199 046	1 766	149 848	240	48	432
6 502	279 727	6 363	360 470	573	138	775
5 158	315 941	15 479	551 163	692	209	1 879
4 781	271 226	13 537	451 953	529	175	1 515
5 307	303 146	12 803	371 090	585	148	1 182
698	31 623	140	6 459	95	8	141
712	34 980	133	8 040	87	18	201
2 141	154 143	715	39 841	841	38	600
2 508	166 028	670	37 703	321	57	421
2 467	127 177	4 535	428 641	443	63	458
2 500	185 058	4 434	390 396	427	61	409
3 774	237 014	1 427	72 075	509	92	662
3 577	225 984	954	68 771	447	115	766
579	28 709	273	11 818	41	—	87
510	26 453	217	14 196	—	—	—
1 706	73 925	1 028	77 307	292	191	579
1 478	71 802	956	67 071	321	114	746
3 630	192 810	810	73 853	1 302	941	2 708
3 310	160 587	786	61 426	1 811	840	8 148
2 152	143 804	1 409	99 874	278	75	425
2 021	191 405	949	82 395	236	45	911
1 144	61 924	139	6 039	122	80	925
956	67 052	119	4 651	163	24	936